Escrito por mujeres II (1951-2010)

Magdalena Mondragón
El mundo perdido

Dolores Prida
Botánica

Patricia Ariza
Luna menguante

Susana Torres Molina
Esa extraña forma de pasión

Selección e introducciones
May Summer Farnsworth
Hobart and William Smith Colleges

Camilla Stevens
Rutgers University

Brenda Werth
American University

LATR Books • University of Kansas • Colección Antología Frank Dauster No. 5

Farnsworth, May Summer, Camilla Stevens and Brenda Werth, eds.
  Escrito por mujeres II. Lawrence, KS: LATR Books, 2013.
[Colección Antología Frank Dauster No. 5]

ISBN 978-1-4675-6664-3

LATR Books
Spanish and Portuguese
University of Kansas
Lawrence, Kansas 66045
Email: day@ku.edu
www.latrbooks.org
Series Editor: Sarah M. Misemer
Managing Editor: Stuart A. Day
Editorial Assistants: Harrison Swartz and David Dalton

Copyright © University of Kansas 2013

Botánica is reprinted with permission from the publisher of *Beautiful Señoritas & Other Plays* by Dolores Prida (© 1991 Arte Público Press—University of Houston).

First printing, April 2013

Cover Art: Isabel Farnsworth
Cover Design: Sarah Susan Sahin
Design and typesetting:
Pam LeRow, Digital Media Services
College of Liberal Arts and Sciences
University of Kansas

Printed in the US by:
Allen Press, Inc.
Lawrence, KS 66044

This series is made possible through a generous grant from the College of Liberal Arts and Sciences of the University of Kansas.

Contenido

Agradecimientos v

Prólogo: Teatro y feminismo en América Latina (1951 a 2010)
May Summer Farnsworth vii

Magdalena Mondragón: Pionera en la esfera pública
May Summer Farnsworth 1

El mundo perdido 7

Dolores Prida y el arte del biculturalismo
Camilla Stevens 29

Botánica 35

Patricia Ariza y la colaboración teatral
Brenda Werth 73

Luna menguante 77

Susana Torres Molina: el teatro inconformista
Brenda Werth 91

Esa extraña forma de pasión 95

Bibliografía 135

Agradecimientos

Les agradecemos a Patricia Ariza, Susana Torres Molina, Dolores Prida y Arte Público Press por habernos concedido el permiso de reproducción de los textos que componen esta colección. Les damos las gracias también a Eva Yolanda Mondragón Marrero, sobrina de Magdalena Mondragón, por habernos permitido publicar *El mundo perdido* y al doctor Julio Mondragón por su interés en el proyecto. Agradecemos el apoyo de nuestras universidades: Hobart and William Smith Colleges, Rutgers University y American University. Reconocemos el apoyo de la Universidad de Kansas y los editores de LATR Books: Stuart A. Day y Sarah M. Misemer. Algunos amigos, colegas y familiares también merecen ser nombrados por su ayuda e invaluables consejos editoriales: María A. Salgado, Pilar A. Farnsworth, Katie Gordon, Molly Krifka, Alexis White, Richard Salter, David Dalton, Michael Hunter, Juliana Martínez, Claudia Cabello-Hutt y Julieta Vitullo.

A la memoria de Dolores Prida (1943-2013)

Introducción ix

Teatro y feminismo en América Latina (1951 a 2010)

La publicación en 1991 de dos colecciones comprehensivas de dramaturgia femenina, *Voces en escena* de Nora Eidelberg y María Mercedes Jaramillo y *Dramaturgas latinoamericanas contemporáneas* de Elba Andrade e Hilde E. Cramsie, marcaron un momento trascendental en el campo de los estudios del teatro latinoamericano. Las antologías respondían a una necesidad urgente de llamar la atención sobre la existencia de dramaturgas latinoamericanas en general y sobre el *boom* de dramaturgia femenina de los 1980 y 1990 en particular. Hoy, a más de veinte años de la publicación de aquellas antologías, las mujeres siguen escribiendo con igual entusiasmo para la escena sin mostrar señales de detenerse. El momento nos parece propicio entonces para divulgar la serie *Escrito por mujeres*, que sigue documentando el fenómeno de teatro escrito por mujeres y que reúne obras escritas antes, durante y después de aquel *boom* teatral femenino. El presente volumen, *Escrito por mujeres II*, se enfoca en la segunda mitad del siglo XX y principios del XXI y contiene obras de mujeres de cuatro países—México, Cuba, Colombia y Argentina—obviamente influidas todas ellas por diversas tendencias estéticas, políticas, culturales y feministas.

Es digno mencionar el renombre internacional que han adquirido algunas de las dramaturgas activas a partir de los 1950. Varias de las obras de Magdalena Mondragón (México 1913-1989) han sido traducidas al inglés, y su teatro fue llevado a las tablas de Nueva York en la década de los 1950. Dolores Prida nació en Cuba en 1943, pero se formó artísticamente en la comunidad internacional de Nueva York, mientras desarrollaba y mantenía conexiones profesionales en su país de origen. La colombiana Patricia Ariza nació en 1946, y ha desempeñado un papel protagónico en la formación del teatro nacional de su país natal. Sus obras han ganado fama internacional, y le ha sido otorgado el Premio Príncipe Klaus de Holanda por su papel en el desarrollo de las artes y la cultura. Nacida en Argentina en 1956, Susana Torres Molina escribe, dirige y actúa en el teatro de Buenos Aires desde 1977. Sus obras han sido traducidas al inglés, portugués, alemán y checo, y se han estrenado en diversas ciudades como México, D.F., Madrid, Río de Janeiro, Lisboa, Nueva York y Londres.

Si bien las diferencias en las vidas y obras de las autoras incluidas en esta colección son notorias, llaman la atención también algunos factores que tienen en común, tales como los tiempos de transición en los que viven, la inestabilidad política dentro de sus propias naciones y, sobre todo, los avances en el feminismo que sus obras dramatizan. Tanto el postmodernismo como el feminismo de nuestros tiempos invitan a hacer un cuestionamiento de muchos conceptos anteriormente aceptados como válidos, tales como la identidad social, la ideología política, la nacionalidad y la literatura convencional. Por cierto, aunque no tendría sentido hablar de los elementos que definen *Escrito por mujeres II* —"mujeres," "teatro," "América Latina"—como si fueran categorías estables y homogéneas, también resultaría igualmente ilógico ignorar la condición de marginalidad que dichas categorías comparten frente a la cultura dominante. Consideremos el desprecio histórico del género teatral dentro de la crítica literaria académica; el estado de dependencia económica y la historia de represión política de las naciones hispanoamericanas; y la condición subordinada universalmente relegada a las mujeres. Esta colección reúne, entonces, obras de mujeres de varios lugares, épocas y corrientes teatrales con el propósito de afirmar por un lado la heterogeneidad del teatro escrito por mujeres en América Latina sin minimizar por el otro los factores que puedan contribuir a un entendimiento de la presencia colectiva de la dramaturgia femenina en el hemisferio.

El teatro escrito por mujeres latinoamericanas le debe mucho al movimiento feminista. Como afirma Virginia Vargas Valente, la segunda oleada del feminismo tuvo una influencia importante y subversiva en toda América Latina: "por su profundo cuestionamiento a los pensamientos únicos y hegemónicos sobre las relaciones humanas y los contextos sociopolíticos, económicos y culturales y sexuales en que se desarrollaban" (380). Y según Elba Andrade e Hilde E. Cramsie, las teorías feministas han contribuido al "creciente interés entre los críticos por analizar la literatura escrita por mujeres" (15). Es innegable el impacto del feminismo en el desarrollo del teatro escrito por mujeres, y no es un accidente que las ciudades con mayor concentración de dramaturgas sean también las ciudades de mayor activismo femenino y feminista. En México D.F., Nueva York, Bogotá y Buenos Aires, las ciudades donde trabajan las autoras reunidas en esta antología, la confluencia entre el feminismo y el teatro femenino es evidente. No es de sorprender pues que cada una de las dramaturgas incluidas en esta colección haga un cuestionamiento subversivo de la cultura dominante nutrido por la filosofía feminista de la época en la que escribe.

El libro que tal vez mejor representa la transición entre la primera y la segunda oleada del feminismo es *El segundo sexo* (1949) de Simone de Beauvoir, traducido al español en Latinoamérica en los años 1950, porque revela la otredad universal de la mujer en la política, cultura e historia del mundo occidental. En *El mundo perdido*, que anticipa el sufragio femenino y ofrece una interpretación feminista del origen de la civilización, Magdalena Mondragón presenta ideas semejantes a las de Beauvoir, pues critica la sociedad occidental por menospreciar la capacidad creadora de la mujer. Es más, desde su perspectiva feminista, la pieza se separa de la tradición postrevolucionaria mexicana de alabar la abnegación femenina y de respetar el orden patriarcal, a pesar de que Mondragón sigue exaltando la maternidad. Al contrario de la mayoría de otras dramaturgas de la primera oleada feminista en México, Mondragón reemplaza el realismo con un estilo onírico y altamente simbólico—un estilo que habría de ganar mayor popularidad en el teatro escrito por mujeres durante las décadas de los años 1970 y 1980. La perspectiva feminista de Mondragón se extiende a la imaginación de la nación cuando presenta a Eva en la Biblia como la voz de la razón atrapada en un sistema rígido y burocrático creado por hombres que temen el cambio social. La segunda oleada del feminismo latinoamericano incluye tratados como *Mujer que sabe latín* (1973) de Rosario Castellanos en México, quien culpa al patriarcado de deshumanizar a la mujer a través de su "proceso mitificador," y *Sitio a Eros* (1986) de Rosario Ferré en Puerto Rico, quien propone una revalorización de la subjetividad femenina. Durante esos mismos años en los Estados Unidos, emerge la política de identidades y surge el feminismo latino/chicano caracterizado por la aparición de libros que promueven la solidaridad de las mujeres de color y afirman la identidad bicultural: *This Bridge Called my Back* (1981) editado por Gloria Anzaldúa y Cherríe Moraga y *Borderlands/La frontera* (1987) de Anzaldúa. Dolores Prida lleva temas afines a las tablas y crea un lenguaje teatral apropiado para representar la mezcla de culturas y lenguas que definen la identidad latina híbrida en los EE.UU. Según Camilla Stevens, en su introducción a *Botánica*, el teatro de Prida ofrece al público una identidad bicultural, presentando un mapa' para una subjetividad híbrida en piezas que incorporan el humor y los discursos de la cultura popular (ver la página 33).

En Bogotá, en el período que sigue a la época histórica conocida como "la violencia," se forma el grupo teatral La Candelaria (1966-presente) que cuenta con la participación activa de Patricia Ariza. Este conjunto comparte con numerosos grupos feministas el método de trabajo conocido como el colectivismo. En los 1980 y 1990, diversas organizaciones feministas se juntan para crear, colectivamente, una serie de encuentros en Bogotá, entre ellos el *Primer Encuentro Feminista Latinoamericano y del Caribe* en 1981, el *Primer Encuentro de Trabajadoras del Hogar* en 1988 y el *Primer Taller Suramericano de Mujeres Indígenas* en 1995. Otro espacio de activismo feminista en Colombia se ubica en la ciudad de Cali donde se forma el grupo teatral explícitamente feminista, Teatro La Máscara (1972-presente) para el cual Ariza escribe la obra antologada en esta colección: *Luna menguante* (1994). La pieza es característica de la segunda oleada del feminismo al usar la subjetividad femenina para revelar la enajenación de la mujer en su vida reproductiva. Pero al mismo tiempo *Luna menguante* refleja la transición a la tercera oleada del pensamiento feminista en los 1990—cuando el énfasis en la concientización de la mujer y la política de identidades empezó a profundizarse, debido al surgimiento de los "estudios de género." Cuando Ariza presenta la identidad de la mujer como una construcción social, por ejemplo, sostiene las teorías expresadas por críticas como Judith Butler en los EE.UU. y Marta Lamas en México, quienes señalan la diferencia entre el sexo biológico y la categoría culturalmente inventada de "género" que, visto así, es transformable. La emergencia del término crítico *gender*/género y la tercera oleada del feminismo coinciden en Colombia con una época marcada por la presencia de narcotraficantes y conflictos armados entre la FARC y el gobierno. Uno de los aportes significativos de Ariza es su presentación pesimista de la fertilidad, la cual contrasta con el culto a la madre y/o el miedo a la reproducción femenina que vemos frecuentemente incorporados en los discursos nacionales en tiempos de guerra.

El cambio de siglo ha traído consigo nuevas reflexiones al pensamiento feminista. Teóricas como Rosi Braidotti en Italia, Francesca Gargallo en México, Margarita Pisano en Chile y Laura Masson en Brasil cuestionan la institucionalización de los estudios de género en el contexto de la política del neoliberalismo por su tendencia a desvalorizar las estrategias políticas, los cuerpos y los productos culturales de las mujeres. Según Gargallo, sin embargo, el retorno al estudio de la mujer no indica un retorno al esencialismo del pasado: "Una habla como mujer, aunque el sujeto mujer no es una esencia monolítica definida de una vez y para siempre, sino que es más bien el sitio de un conjunto de experiencias múltiples y complejas y potencialmente contradictorias, definido por variables que se superponen, tales como la raza, edad, estilo de vida, preferencia sexual y otras" (*Ideas feministas latinoamericanas* 93).

Un lugar que invita una reflexión especial sobre la categoría de mujer es Argentina por su rica historia de activismo femenino y feminista. Las protestas sobre la desaparición de 30.000 personas durante la "Guerra Sucia" (1976-1983) fueron protagonizadas por las Madres de la Plaza de Mayo, mujeres que no se consideraban feministas pero que se solidarizaron y públicamente enfrentaron la dictadura, politizando el papel tradicional de la madre en el proceso. Cuatro décadas después, la participación femenina en la lucha por la justicia continúa, y surgen feministas postdictatoriales que reexaminan la agencia de la mujer. Asimismo, la crisis económica del 2001 ha resultado en una serie de protestas con la presencia notable de mujeres que "ponen el cuerpo" y contribuyen a una feminización contemporánea de la resistencia (Sutton 130, 154). La obra

Introducción xiii

de Susana Torres Molina que incluimos en este volumen, *Esa extraña forma de pasión* (2010), nace en el contexto de la búsqueda de justicia y la revalorización del cuerpo femenino. Contiene escenas en el pasado que exploran la identidad de la mujer activista en los años 1970 y consideran su relevancia en el contexto de las luchas políticas actuales. Esto nos hace pensar en las descripciones de Barbara Sutton de la presencia física de la mujer activista: "Activist bodies are the vehicles of political protest; they express needs rooted in the body's materiality; they can be deployed as symbols; and they convey power when joined with other bodies" (154). Igualmente, en *Esa extraña forma de pasión* Torres Molina llama la atención al cuerpo femenino para destacar el aspecto físico de la supervivencia, la resistencia y la protesta política en Argentina.

Mondragón, Prida, Ariza y Torres Molina escriben durante momentos de grandes transformaciones políticas y filosóficas en sus respectivos países: la postrevolución y el sufragio femenino en México; el desplazamiento de cubanos fuera de la nación después de la revolución y la política de diáspora en los EE.UU; la violencia, el activismo colectivo y los estudios de género en Colombia; y la crisis económica de Argentina y el retorno a las protestas corpóreas. Se trata a todas luces de cuatro dramaturgas situadas en la vanguardia estética y teórica de las Américas que dramatizan las emergentes y continuamente cambiantes identidades femeninas/feministas. La Eva rebelde de Mondragón, la estudiante bilingüe/bicultural de Prida, las amas de casa enajenadas de Ariza y la activista política de Torres Molina representan algunas identidades modernas inventadas y/o reconfiguradas por el teatro feminista latinoamericano. *Escrito por mujeres II* no representa toda la diversidad de la dramaturgia femenina en la América Latina pero sí ofrece un recorrido subjetivo por algunos momentos claves en la historia del teatro escrito por mujeres desde la segunda mitad del siglo XX hasta nuestros días.

May Summer Farnsworth
Hobart and William Smith Colleges

Introducción 1

Magdalena Mondragón Aguirre: Pionera en la esfera pública

Magdalena Mondragón Aguirre (Torreón, México, 1913-México, D.F. 1989) ocupa un lugar significativo entre la primera y la segunda oleada de escritura femenina en la América Latina del siglo XX. En su juventud, formó parte de una generación de mujeres que habían sido politizadas por la Revolución Mexicana pero que todavía carecían de los derechos básicos de la ciudadanía, tales como la igualdad en el código civil y el derecho al voto. Mondragón asistió a una escuela primaria en su ciudad natal, Torreón, Coahuila, pero más tarde cruzó la frontera para estudiar en una escuela secundaria católica en San Antonio, Texas—Nuestra Señora de los Lagos—donde se destacó por la alta calidad de su escritura. Cuando Mondragón volvió a Torreón, ingresó en una escuela comercial para estudiar taquigrafía parlamentaria y contabilidad privada a insistencia de su padre, el cirujano Adolfo Mondragón, quien deseaba que su hija aprendiera algo práctico para el mundo laboral. Al titularse, sin embargo, Mondragón buscó oportunidades para lucir su talento de escritora y pronto consiguió un puesto en el diario *El Siglo* de Torreón donde redactó su propia columna, "Sin malicia"; y desde aquel momento se ganó la vida con la pluma.

Cuando todavía escribía su columna en Torreón, Mondragón obtuvo el puesto de corresponsal en dos prestigiosos periódicos nacionales, *Excélsior* y *El Universal*, y dos fuera del país, *La Opinión* de Los Ángeles y *La Prensa* de San Antonio. En 1936, se mudó a la capital para tomar cursos de filosofía y letras en la Universidad Nacional Autónoma y para avanzar en su carrera periodística. Después de tres años tuvo que abandonar sus estudios a causa de que *La Prensa* (México) la obligaba a hacer viajes frecuentes para cubrir las actividades del presidente Lázaro Cárdenas. Durante estos años, Mondragón, casada con el pintor Manuel González Serrano, también patrocinaba las artes y mantenía relaciones con figuras destacadas de la pintura y el muralismo mexicano: Diego Rivera y Frida Kahlo, Desiderio Hernández Xochitiotzin y Aurora Reyes. En los años 1940, Mondragón colaboró con Salvador Novo y Ermilo Abreu Gómez en la creación de *Chist*, un periódico satírico que fue censurado por el gobierno del presidente General Ávila Camacho. Mondragón llegó a ser la primera mujer que editó un diario nacional en México cuando se hizo cargo de *La Prensa Gráfica* en 1950. En 1953, Mondragón se alineó otra vez al régimen para dirigir el periódico femenino del Partido Revolucionario Institucional (PRI), *Sólo para ellas*, después de que Ruiz Cortines le concedió el voto a la mujer. El éxito que tuvo Mondragón en la prensa fue inesperado y excepcional teniendo en cuenta que había muy poca participación femenina en el periodismo de aquellos tiempos. Es por esta razón que a Mondragón se le considera una de las "figuras míticas" de la profesión (Egan 275). Cabe mencionar que junto con su periodismo y su dramaturgia, Mondragón también publicó novelas, colecciones de poesía y ensayos. Sus libros de ficción tratan los temas de la pobreza, la tierra, la injusticia y la corrupción y han sido definidos como novelas de protesta y/o novelas de la tierra. Entre sus obras de no ficción figuran *Los presidentes dan risa* (1948), un libro de ensayos cáusticos que fue censurado durante la presidencia de Miguel Alemán, y una biografía del general Francisco José Múgica titulada *Cuando la revolución se cortó las alas* (1967).

Al momento de llegar al teatro, Mondragón ya era una escritora sazonada pero la dramaturgia prometía una experiencia nueva para ella—el contacto inmediato con el público. A pesar de haber triunfado en la prensa y la narrativa, Mondragón no podía haber ignorado el prejuicio social que existía en contra de la mujer intelectual. Tenía que saber que en esa misma época incontables aspirantes a escritoras se autocensuraban y/o abandonaban la vocación por completo. Olga Marta Peña Doria subraya esta situación manteniendo que mientras es cierto que algunas escritoras de principios del siglo XX empezaron a "desobedecer las reglas que la sociedad imponía," hay que recordar al mismo tiempo a "las que no se atrevieron a desobedecer porque el mundo que les tocó vivir les fue refractario o porque prefirieron destruir su obra literaria y con ello lograr la felicidad en sus hogares" (10). Entre la desobediencia y el silencio, por supuesto, existe también el terreno menos espinoso tal vez del término medio y es allí donde se encuentra el primer texto de Mondragón, *Cuando Eva se vuelve Adán*, que se estrenó en 1938 en el Teatro Ideal en México y en 1950 en Nueva York por el Grupo Futurista. La obra sostiene la tradicional abnegación femenina y el orden patriarcal pero coloca el sentimentalismo por encima de todo. Presenta a un matrimonio fracasado donde la mujer trabaja como médica en vez de dedicarse a las labores domésticas. Se trata, como indica el título, de una mujer que asume el papel típico del hombre; "Eva se vuelve Adán" y al hacerlo destruye el matrimonio tradicional mexicano. La protagonista misma acaba por arrepentirse de su conducta de mujer independiente, llamándose una "mujer de ciencia . . . que ha olvidado la ciencia de vivir. . ." (Mondragón, *Cuando Eva se vuelve Adán* 53). Irónicamente, fue a través de este texto moderado que la autora, al igual que su propia protagonista atormentada, consiguió tener éxito en la profesión "masculina" de la dramaturgia. *Cuando Eva se vuelve Adán* fue nombrada la mejor obra del año y su autora fue alabada por múltiples críticos, entre ellos H.H. Mirasol quien admiraba su "exquisita sensibilidad femenina" y Antonio de María y Campos quien llama a la dramaturga "femenina sin ser feminista" (citados en Mondragón, *Cuando Eva se vuelve Adán* 5).

Cabe mencionar que *Cuando Eva se vuelve Adán* es un drama "revolucionario" si no feminista en el contexto de la postrevolución mexicana. En esa época, los discursos políticos continuamente equiparaban la ciudadanía ideal de la mujer con la abnegación. A pesar de la participación femenina en la lucha revolucionaria, después de la Revolución las "chicas modernas" que trabajaban fuera de casa, como la propia Mondragón, eran frecuentemente consideradas "marimachos" y/o traidoras a la causa revolucionaria (Olcott 17). Entre 1938, fecha del estreno de *Cuando Eva se vuelve Adán*, y 1951, la publicación de la obra antologada, *El mundo perdido*, pasaron muchos años durante los cuales Mondragón produjo diversas obras teatrales, algunas de las cuales señalan una notable evolución en el tratamiento del sujeto femenino. *Se alquila cuarto* y *Un barco en el mar* se estrenaron en la ciudad de México en 1939 pero permanecen inéditas. *Tarántula* se estrenó en el Teatro del Sindicato Mexicano de Electricistas en 1942, y se trata de una mujer que vive tristemente en la sombra de su marido hasta que este enloquece y tiene que depender de ella. La mujer rehúsa llevar al marido al manicomio porque cree que tiene el derecho de dominarlo emocionalmente después de tantos años de sufrimiento. Debido probablemente a su tema controversial, *Tarántula* no tuvo el éxito que había tenido la primera obra de Mondragón. De hecho, fue un fracaso de público y de crítica pero ella decidió publicarlo con solo cambiarle el título a *Torbellino*.

Su próxima obra, *La sirena que llevaba el mar*, estrenada en el teatro de Bellas Artes en 1950, marca el comienzo de la segunda mitad del siglo XX y el abandono de Mondragón del realismo convencional a favor del simbolismo onírico y la mitología indígena. Esta obra tiene lugar en un pueblo de pescadores donde se mezclan las creencias católicas con las indígenas y la fantasía con la realidad. La protagonista se transforma de ama de casa en sirena tras dejarse seducir por el canto de las sirenas y los consejos de una misteriosa serpiente marina. Esto incomoda al marido quien, al final de la obra, llora la pérdida de la esposa a la orilla del mar. Los diálogos entre la mujer y la serpiente seductora evocan de nuevo la figura bíblica de Eva (recordando el título de *Cuando Eva se vuelve Adán*). Esta vez, sin embargo, es el hombre quien sale perdiendo mientras la mujer sigue sus instintos sin arrepentirse. *La sirena que llevaba el mar* fue reestrenada en 1951 en el Teatro Virginia Fábregas y en el Teatro del Sindicato Mexicano de Electricistas antes de ser adaptada y difundida por radio y televisión.

Las relaciones sexuales se presentan de una forma satírica en *El mundo perdido* (1951), en el que aparecen una vez más las figuras de Adán y Eva y el tema del desengaño femenino. Mondragón comparte la reinterpretación del Génesis con otros artistas e intelectuales de la época como José Clemente Orozco y Octavio Paz, quienes lo usaban para simbolizar el nacimiento del México moderno. No obstante, la versión del origen del universo de Mondragón afirma el feminismo cultural, lo cual contrasta con el discurso postrevolucionario masculino típico. Mondragón privilegia las cualidades supuestamente "esenciales" de la mujer como la intuición, la curiosidad y la espiritualidad y mezcla la historia de Eva con la mitología indígena. Propone una utopía pre-masculina al mito bíblico de la creación, sugiriendo que Eva fue un ave independiente antes de conocer a Adán (Farnsworth 41-43). Al mismo tiempo Mondragón añade interludios humorísticos en los que se burla de las comedias románticas típicas con su diálogo exageradamente poético y recargado de lugares comunes intencionales e irónicos. Le parece mal a Eva que Adán y Dios la excluyan de sus conversaciones sobre el orden del universo y no deja de cuestionar tampoco el miedo que tienen los dos al cambio, lo cual para ella es un miedo a la vida misma. El hecho de que la mujer quiera desempeñar un papel más protagónico en la creación del mundo nos permite leer la obra en el contexto de México en vísperas del sufragio femenino. En esta pieza, Mondragón rechaza la abnegación femenina y celebra no solo la independencia y la inteligencia de la mujer, sino también su cuestionamiento de la autoridad patriarcal. De esta forma la autora contradice a los opositores al sufragio femenino que temían que la mujer votante sería fácilmente manipulada por la Iglesia Católica. Asimismo podemos comparar el aburrimiento de Adán y Eva viviendo en la "dicha perpetua" del Paraíso con el desencanto del pueblo mexicano que había visto su revolución convertirse en una institución burocrática. El texto lo publicó en 1951 la editorial Grupo América pero nunca fue representado en su tiempo.

La siguiente obra de Mondragón, *¡Porque me da la gana!*, publicada y televisada en 1953, tiene lugar en una peluquería y se enfoca en la industria de la belleza. La protagonista tiene algo en común con las Evas múltiples que pueblan el teatro de Mondragón ya que su profesión es la de domadora de serpientes en un carnaval de pueblo. Vale notar también que en esta obra Mondragón anticipa no solo la ubicación de la acción en el espacio de una peluquería, sino además y más importante aún, algunos de los temas que desarrollará más tarde otra prominente autora feminista, Rosario Castellanos, como la enajenación de la mujer y el aspecto performativo y violento de la femineidad. En 1964, Mondragón escribió su última pieza *El choque de los justos* para dramatizar los conflictos entre dos grupos indígenas, los Yori y los Yaqui, en una obra diseñada para ser montada al aire libre.

Hoy día Mondragón es recordada por su literatura pero también por su obra social. Luchó por la creación de escuelas y fue directora del Centro Cultural Vito Alessio Robles que ofrecía a la comunidad clases de cultura y arte además de servicios médicos gratis. Durante su larga carrera de reportera, participó activamente en las luchas del gremio periodístico y fundó tanto la Primera Colonia del Periodista en Lomas de Sotelo como otra parecida en Tamaulipas. En sus últimos años, donó sus libros y obras de arte a la Universidad de Coahuila, muchos de los cuales fueron trasladados luego al Museo Magdalena Mondragón en Torreón, la ciudad que para honrarla bautizó una calle con el nombre de la dramaturga; tanto la Universidad de Coahuila como la Asociación Nacional de Periodistas Universitarias han instituido concursos de escritura en su honor. La inclusión de *El mundo perdido* en esta antología también busca ofrecer un homenaje a esa voz femenina "desobediente" del teatro de la mitad del siglo XX que se encarna en la dramaturgia de Magdalena Mondragón. La obra que reproducimos a continuación representa la concientización y la politización de la mujer mexicana revelando el papel significativo de género en el discurso postrevolucionario.

May Summer Farnsworth
Hobart and William Smith Colleges

El mundo perdido

Magdalena Mondragón

Personajes:

Adán
Eva
La Serpiente
La voz de Dios

Obra en tres actos, México 1951.
(Sin estrenar).

Escenario:

El paraíso terrenal con su árbol del bien y del mal al frente. A la izquierda una roca en donde Adán pueda recostarse. Adán y Eva deben llevar trajes pegados al cuerpo, al estilo de los usados por los cirqueros, para dar la impresión de desnudez. Eva lucirá una larga caballera rubia.

I

ADÁN: Siento la vida en llamaradas y su fuego que me abrasa pone lumbre en mis ojos. Oigo los sonidos circundantes y mi voz no es más que el eco de mi ser que se estremece; mi alma se iguala con la hoja temblorosa, cuyo leve rumor me asusta por la noche. ¿Qué me pasa? Ah, no lo saben los montes ni las rosas ni el cielo ni la tierra, pero lo sabe mi cuerpo y mi corazón. Estoy solo. Aquí estoy: solo, solo, solo.
(Se oye una leve música.)
Ah, poderoso Dios, poderoso Dios que me creaste a imagen y semejanza de ti mismo. Pobre de mí que no sé del alcance ni de la fuerza de tu creación. ¡Ignoro el milagro! ¡Milagro! ¡Milagro! *(Luces cambiantes cuando Adán repite esta palabra y la música suave continúa.)* Pero el milagro, ¿cuál es? ¿Qué es? Yo sólo sé que existo. Tal vez éste sea el milagro. Me formaste, sí, pero quisiera renegar de tu barro, porque este barro no es el mío, es tuyo, tú lo hiciste, me sacaste de la nada.

VOCES: Eres, eres.

ADÁN: No es cierto… Heme aquí, miserable criatura, inerme criatura. ¿Para qué me sirve la palabra si sólo hablo conmigo mismo? Dios, compadécete de mí, soy tu imagen y semejanza, pero tú eres Dios y yo sólo soy un hombre. La soledad no es el paraíso y tú me lo has prometido. Escúchame: estoy cansado de oír el eco de mis palabras.
(Adán se sienta sobre la piedra, luego se va recostando poco a poco, hasta quedar con su cabeza sobre una roca, suponiéndose que está dormido. Mientras esto ocurre, suena la música con una dulce canción y el escenario queda envuelto en la semioscuridad. En lo profundo del escenario se escucha la palabra de Dios.)

VOZ DE DIOS: Mi criatura, hecha a mi imagen y semejanza, sí, pero no eres Dios, eres la imagen pobre de mí mismo; y no posees el cielo, tienes la tierra y tú has de luchar en ella dando tus propios combates para obtener la gloria. Llevas en ti, en tu cuerpo, sujeto a miles de podredumbres, la capacidad divina con la miseria humana, todo en mescolanza increíble. Jugué un poco con la tierra e hice algo parecido a mí, parecido a Dios; pero tú no eres Dios, eres un hombre, es por eso que sientes la soledad. ¡Cómo estás solo! Tu materia tiembla al vagar por estas inmensidades del mundo creado por mí, y el paraíso ya no existe porque no puedes vivirlo por ti mismo. Bien, crearé de tu propio cuerpo a la mujer, para que alegre tus días; pero si incurren en el pecado, serán expulsados del paraíso. Tú ganarás el pan con el sudor de la frente y ella parirá con dolor. Esa es mi maldición, tenla presente.

(La mano de Dios aparece en lo oscuro, haciendo una especie de señal de la cruz, y Dios dice:)

¿Qué parte de tu cuerpo será la más propicia, tu mano o tu pie, para que de ésta tu materia emerja la Eva primitiva? Yo te creé a ti, pero tú darás vida a la mujer. ¿De dónde será bueno que parta esta vida, que nazca este ser? ¿De la voz que dice de tus anhelos y de los ojos que desean descubrir otros mundos que éste en el que te he creado? Tomaré uno de tus huesos y así apreciarás a tu compañera como aprecias la armazón de tu propio cuerpo.

(Las manos de Dios hacen una señal y detrás de la roca, junto al cuerpo masculino, por el lado derecho, va surgiendo poco a poco la mujer, que, al compás de la música, se pone en pie, pero muy lentamente. Eva viste como Adán, su traje de malla rosa a semejanza del que se ponen encima los cirqueros, para dar el efecto, en la semioscuridad, de que ella y Adán se encuentran desnudos.)

Eva: *(Acercándose a Adán.)* ¿En qué mundo estoy? Mis pies no conocieron este suelo. Antes de hoy mi cuerpo era el de una bella ave y mis alas, convertidas en brazos, acariciaban el cielo que se reflejaba en los lagos. Y éste que yace aquí dormido, ¿quién es? Su cuerpo es diferente al mío. ¿Tendrá voz semejante al canto de la alondra, por las mañanas?

(Se acerca y lo toca, pasándole las manos por la cara y los cabellos.)

Eva: ¡Qué bello es!

(Al contacto con los dedos de Eva, Adán abre los ojos, luego se los frota y se sienta, sorprendido para contemplarla mejor.)

Adán: ¿Quién eres?

Eva: Eva.

Adán: ¿Ése es tu nombre?

Eva: ¿No te gusta?

Adán: Sí. ¿Dónde estabas? ¿Por qué no te había podido contemplar antes?

Eva: Yo misma no sé cómo he llegado hasta aquí. No hace una hora mi cuerpo era el de una ave; de esto, del ave, he tomado mi nombre, sólo que, por parecerme más bonito, lo utilicé al revés. ¿No te fijas? Ave, Eva. ¿No es lo mismo…casi lo mismo? ¿Te gusta?

Adán: Mucho, y tú eres hermosa. Tu pelo es diferente al mío y tus manos, tu pecho, tu garganta… *(Toca los cabellos de Eva y se acerca a su rostro para contemplarla mejor. Eva sonríe.)*

Eva: Y tú, ¿Cómo te llamas?

(Adán piensa un instante y dice:)

Adán: Yo, como tú, he tomado mi nombre y lo he vuelto a revés. Surgí de la nada, por esto me llamo Adán.

Eva: ¿Cómo viniste aquí?
Adán: *(Gravemente.)* Dios me creó a su imagen y semejanza.
(Eva ríe burlonamente.)
Adán: ¿De qué te ríes?
Eva: De que eres semejante a la Divinidad. No lo creo. Dios no puede ser como tú.
Adán: Es como yo, tiene mi figura.
Eva: Pero no es perecedero. Tú tienes que morir…
Adán: La muerte…¿qué es eso?
Eva: La desaparición, ¿no lo sabías? ¡Qué tonto eres!
Adán: No tengo que morir. Dios me ha dado la felicidad eterna, la vida eterna. Solamente podríamos perderla si caemos en tentación.
Eva: ¿Cuál tentación?
Adán: Ninguna. ¿Quieres callar? Dios me atiende. Hace poco me lamentaba de mi soledad; luego de mi lamentación, me venció el sueño y al despertar vi que Dios había escuchado mis ruegos. Tú estás a mi lado para recrearme contigo; yo soy semejante a Dios y tú eres mi criatura.
Eva: A mí no se me dijo tanto. Yo volaba feliz por el paraíso, no me sentía sola, sino libre, cuando, en un momento dado, me volví una pequeña costilla y de ella fue emergiendo este cuerpo que ahora ves.
Adán: Mi costilla. *(Se tienta el costado.)* Dios te ha hecho de mí y tú eres cuerpo de mi cuerpo, y carne de mi carne. Eres una prolongación de mí mismo. Dios, en su infinita misericordia, me ha dado la potencia para que fueras creada con mi humilde sustancia.
Eva: Tonterías.
Adán: ¿No te gusta el cuerpo que te he dado?
Eva: Qué soberbio eres. El cuerpo que me ha dado Dios, el Dios que tú conoces y que yo aun no he visto.
Adán: El formó al mundo y a nosotros. El es el Creador de todas las cosas.
Eva: Puede ser…
Adán: No hay duda alguna sobre ello. Pero aun no respondes a mi pregunta. ¿Te agrada el cuerpo que te he dado? ¿O que Él te ha dado?
Eva: *(Se mira a sí misma y responde con suma coquetería.)* ¿Te gusta a ti?
Adán: Para ser parte de mí mismo, no está mal. Tú eres mi costilla, ¿sabes?
Eva: Bien, no discutamos.
Adán: Al fin has dicho algo en razón. Hace poco me preguntaba: ¿por qué he pedido la compañía de alguien y por qué Dios me ha traído esta mujer que me vuelve loco con sus alegatos?

Eva: Ya no discuto, comento.

Adán: Hablas, hablas…Ah, si pudieras estarte en silencio…pero, bueno, es explicable: antes de ser mujer eras un pájaro…

Eva: Eres imperioso.

Adán: Es diferente.

Eva: ¿Por qué?

Adán: Porque tú dependes de mí.

Eva: *(Bostezando.)* Tal vez eso sea mucho mejor. Cuando era ave tenía que buscar mi alimento, pero ahora tú me protegerás, porque dependo de ti, soy tuya, ¿no es cierto? Y bien, ya que tú dices que soy tu mujer, debo confesarte que tengo hambre, y no sólo hambre, sino sueño. Cuando yo era ave sabía dónde encontrar comida, agua, un nido donde dormir, mientras que ahora…

Adán: Ahora dependes de mí…

Eva: Sí, me siento completamente inútil y me desagrada caminar por el paraíso. Quisiera estar sentada aquí, peinando mis cabellos con las ramas más altas y el viento más suave de la mañana.

Adán: Y, ¿por qué no lo haces?

Eva: Lo haré, lo haré, tú irás a buscar lo que necesito, ¿no es verdad?

Adán: Ni siquiera debes pedírmelo. Ahora mismo voy a encontrar tu alimento. ¿Qué te gustaría comer?

Eva: *(Con impaciencia.)* Cualquier cosa.

Adán: Pero, escucha. Oye el rumor de la fuente, y el canto de los pájaros que antes fueron tus compañeros.

Eva: Ellos se vendrán a posar sobre mis hombros, por las mañanas.

Adán: Aun no te das cuenta de lo bonita que eres. Lo sabrás cuando al despuntar el alba vayamos al río, a la fuente más cercana, a la laguna de cristal movible, en donde podrás contemplar tu rostro que es tan hermoso como las estrellas.

Eva: Vamos ahora mismo.

Adán: Espera, espera, no se puede hacer todo en un solo día. Arregla tus cabellos mientras yo busco tu alimento. Son suaves y largos, con ellos podría cubrirme el cuerpo entero. Hoy, quédate. Mañana recorremos el paraíso. Verás qué lindo es. No te apercibiste de ello en tu vida de pájaro, pero como eres ahora mi mujer, sabrás descubrirlo al mirarlo en mis ojos.

Eva: Dime qué hay en el paraíso.

Adán: Todo. Existe la felicidad, ¿te parece poco?

Eva: ¿Qué es la felicidad?

Adán: La que estamos viviendo. Así estaremos por toda la eternidad, como ahora, sin vejez y sin muerte.
Eva: Entonces yo seré hermosa siempre.
Adán: Y yo conservaré mi vigor para poner a tus pies el sol y las estrellas.
Eva: ¿Cómo me los ofrecerás?
Adán: Las estrellas, en el agua que las retrata; y el sol, al mirar tus cabellos.
Eva: ¿Tú me enseñarás el paraíso?
Adán: Lo tendrás conmigo. Antes no veías más que a las flores, a las rosas más extrañas, al césped oscuro, a la montaña que semeja una barrera infranqueable; ahora descubrirás cuántos y cuántos animales existen cerca de nosotros. Todos con vivos colores, con extraños aditamentos, con cuerpos tan diferentes al nuestro, que te quedarás maravillada. Sólo hay un animal…
Eva: ¿Cuál es?
Adán: El mono. Éste se nos parece. Probablemente Dios lo tomó en sus manos para ensayar a hacer un hombre, a hacerme a mí, y le salió esa primera versión completamente absurda.
Eva: Quiero conocerlo.
Adán: ¡Qué tontería! Me tienes a mí, ¿para qué deseas un animal de esos?
Eva: Como tú digas.
Adán: ¿Podrás caminar sin cansarte?
Eva: No lo sé. Todo, en este mundo que nos circunda, me es desconocido; pero mis pies caminan, son iguales que los tuyos. ¿Tú te cansas al atravesar el paraíso?
Adán: No. Jamás me he cansado. ¿Tú sabes, Eva? Aquí seremos eternamente felices. Antes me encontraba solo, pero ahora tú estás conmigo para compartirlo. Día tras día y hora tras hora me harás feliz. Tu presencia es semejante a la de los árboles y las flores; y eres dulce como la miel. Nunca pensé que de mi costilla pudiera resultar algo tan bello. Por las noches contemplaremos la luna que se hará viva en tu rostro, y tus dedos, semejantes a los pétalos de la rosa, tendrán, al posarse sobre mi cara, la frescura del agua cristalina.
Eva: Me encanta la forma en que hablas y siento mucho interrumpirte, pero debo recordarte que tengo hambre.
Adán: Te traeré alas de mariposas.
Eva: Imposible. ¿Deseas que coma alas de mariposas? Sentiría como si me devorara a mí misma.
Adán: Entonces te traeré frutos de los árboles del paraíso. Aquí podemos comer y disfrutar de todo, menos de las manzanas del árbol del bien y del mal. Ese fruto está prohibido para nosotros, ¿entiendes? Jamás lo toques.

Eva: ¿Por qué?
Adán: Las explicaciones no vienen al caso, pero tú me debes obediencia, como yo se la debo a Dios.
Eva: Así lo hare.
Adán: Y yo en recompensa pondré el mundo a tus pies.
Eva: Entonces, ve pronto, y te esperaré aquí.
Adán: Mientras que regreso, puedes recostarte.
Eva: Así lo haré.
(Adán la conduce hasta la roca. Eva se sienta. Al salir Adán la contempla. Adán sale por el lado izquierdo. Eva se acaricia el largo cabello y se mira las uñas, luego dice, como consigo misma:)
Eva: Adán pondrá el mundo a mis pies. Todo el paraíso es para mí. ¡El mundo a mis pies! *(El telón baja.)*

II

Eva: *(Displicente.)* ¿Has vuelto?
Adán: Sí, te he traído frutas y flores. Ah, pero quisiera bajarte las estrellas para adornar tus cabellos.
Eva: Dentro de poco tendrás que hacer un lecho. Esta roca está muy dura. ¿Quieres bajar aquellas ramas para mi comodidad?
Adán: Fuertes son mis brazos y débil es tu cuerpo. Yo soy un árbol y tú eres una flor.
Eva: Entonces tráeme las hojas más altas porque en ellas, por las mañanas, llora la primavera.
Adán: Y tú amas su perfume.
Eva: Toda yo, cuando me envuelva en su manto, oleré a tierra mojada.
Adán: ¿No quieres aguardar un poco para que te haga tu lecho? Podríamos luego jugar con las mariposas.
Eva: Yo las tengo prisioneras en los pétalos de las flores.
Adán: Debo dar gracias infinitas a Dios, que me dio tu compañía.
Eva: Mientras que estabas ausente oí una voz…
Adán: ¿No vino del árbol del bien y del mal?
Eva: ¿Cuál es ese árbol?
Adán: Ya te lo dije antes. Ese, el que está allí enfrente, cargado de frutos tentadores. Te repito: nunca los comas, porque si lo haces…
Eva: ¿Qué pasaría?

ADÁN: Nada, nada…Piensa en las estrellas, en las hojas más altas, en las flores semejantes a mariposas…¿Qué voz me decías que escuchaste? Aquí solo hay tu voz y la mía.
EVA: Tal vez fue un sueño, pero me dijo que si probaba los frutos de la sabiduría, es decir, los frutos del árbol del bien y del mal, y que si tú probabas también estos frutos, pondrías otro mundo a mis pies, un mundo que no conocemos.
ADÁN: Calla, calla.
EVA: Sin embargo, tú me prometiste…
ADÁN: Que calles, digo. Tu defecto es que hablas demasiado.
EVA: Mira qué hermosos son sus frutos: rojos y encendidos como mi boca. La voz me dijo en el sueño que si comemos de esos frutos, nacerán de nosotros nuevos seres; que el mundo se poblará de imágenes, de animales, de hombres, de cantos y de luchas; que tendremos en ese mundo nuestro cielo y nuestro infierno, y que tú sabrás de la gloria de Dios cuando vengan al mundo nuevos seres desde lo profundo de mi vientre hasta la fuerza de la tierra. Yo daré a luz otros seres a tu imagen y semejanza…
ADÁN: ¿Qué, qué? ¿Es que te crees semejante a Dios?
EVA: ¿Por qué dices eso? Yo sólo te hablo con la voz de mis entrañas.
ADÁN: Pero no quiero escucharte.
EVA: Sí, tú me escucharás con el corazón.
ADÁN: ¿Pretendes que transformemos el paraíso? No en balde tuve un sueño completamente extraño.
EVA: Pero yo oí voces, voces de la serpiente.
ADÁN: Es el viento que silba entre los árboles, pero mi sueño es semejante al rocío de las mañanas. Vino para darme un nuevo mundo, un mundo que está dentro de mí.
EVA: Yo formo parte de él ¿no es cierto?
ADÁN: Desde que tuve el sueño, la vida se ha vuelto diferente.
EVA: Yo estoy a tu lado, soy tu compañera, ¿por qué no me cuentas tus sueños?
ADÁN: Porque tengo miedo.
EVA: Yo no tengo miedo a nada. Mi curiosidad me ha impulsado a husmear en todos los rincones.
ADÁN: Cuando partí en busca de comida, creí que estabas cansada.
EVA: Un poco, pero oí la voz y me puse de pie para ver de dónde provenía. Nunca antes de nosotros ha vivido nadie tan plenamente en este paraíso; por un momento pensé que otro hombre…
ADÁN: No podría soportarlo.

Eva: ¿Por qué? Tú y yo solos hemos visto muchas lunas y aun veremos muchos soles.

Adán: Pero tú eres parte de mí; ni soles ni lunas, ni la tierra ni el paraíso parecerían completos si no estuvieras a mi lado; y si pensaras en otro hombre…

Eva: ¿Qué pasaría? ¿Pero de dónde va a surgir un nuevo ser? Sólo que tú y yo lo formáramos.

Adán: ¿Insistes en eso?

Eva: Me lo ha comunicado la serpiente. Como te digo, mi curiosidad me obligó a buscar al que emitía la voz.

Adán: ¿Y cómo sabías que era la serpiente?

Eva: No lo sabía. Escuché voces que me llamaban por mi nombre y me dirigí en la dirección del sonido. Comprobé luego que era la serpiente, que me hablaba.

Adán: ¿Qué más te dijo?

Eva: Nada más.

Adán: Tienes cara de guardarte algo.

Eva: ¿Crees que te engaño? Yo busco nuestra felicidad.

Adán: Pero la tenemos. Estamos en el paraíso. Sólo podríamos perderla si…

Eva: Eres tú el que guarda secretos…Ah, la serpiente me ha dicho…

Adán: Calla, yo tuve una visión, un sueño. Vi cómo éramos arrojados tú y yo del paraíso por hacerle caso a la serpiente. Cómo, después de nuestra expulsión, creyéndonos dioses, dábamos vida a otros seres, y cómo este mundo que hoy por hoy sólo es habitado por nosotros, iba poblándose; pude contemplar de cerca el sufrimiento de los hombres, su dolor, sus enfermedades; cómo agonizaban consumidos por el descontento, y cómo reían redimidos por un supuesto amor.

Eva: ¡Qué bello!

Adán: Espera…Oh, debías haberlos visto como yo los vi en mi sueño, batallando por el poder, por la gloria, por el dinero. Deberías haberlos visto hundidos en su mezquindad, atormentados por la glotonería, esclavizados a necesidades materialistas; deberías haberlos contemplado con la cara ausente de nobleza, sufriendo con ideas fijas y precisas, que se distinguían por su pequeñez.

Eva: Yo creo que el mundo que podríamos formar no puede ser así.

Adán: La visión era clarísima. En ella, durante mi sueño, vi a los hombres luchando como unos dementes; disparándose unos a otros con toda clase de armas mortíferas; deseando exterminarse para el beneficio de unos cuantos demonios que deseaban disfrutar del poder del mundo; esta lucha llevaba el nombre de guerra y en ella los que salían ilesos terminaban con su esperanza y se refugiaban en el cinismo, pero los que no…¡Hubieras visto qué ejército de inválidos, de heridos, de muertos!... Cruces, cientos de cruces sobre sepulturas inacabables, donde los hombres enterraron su esperanza.

Eva: Yo quiero otra clase de mundo.

Adán: Ese mundo sería el resultado que de tú y yo pecáramos; sería el mundo formado por ti y por mí; creo que mi sueño fue una advertencia de Dios para evitarme caer en tentaciones.

Eva: Pero, dime, ¿cómo eran esos hombres? ¿Iguales que tú?

Adán: Más o menos igual que tú las mujeres e igual que yo los hombres. Ah, pero espera, iban vestidos con extraños ropajes y lo que los distinguía a unos de otros era esta especie de señal colectiva. Así, en la guerra unos hombres uniformados de cierta manera disparaban contra otros que vestían en forma diferente.

Eva: Eso se podría evitar si todos continuáramos desnudos…

Adán: ¡Calla! ¡No sabes qué dices! En el aviso divino que he recibido, sin duda alguna un aviso de Dios, todos los hombres vestían de distinta manera, y eso los hacía distinguirse unos de otros. Parece que formaban diferentes grupos, razas, según el sueño, y unos eran negros, otros blancos, otros amarillos, otros cobrizos…No sé por qué salían gentes de tan diverso color, pero eso era así…

Eva: No puede ser; todos los hombres deben ser iguales si vienen de ti y de mí.

Adán: ¡Pero no lo eran! ¡Y se odiaban unos a otros! ¡Cuánto se odiaban! Tú ni siquiera te lo imaginas.

Eva: Yo sólo recibí la invitación de la serpiente.

Adán: A ti no puede hablarte Dios, eres mi mujer.

Eva: Por eso mismo…

Adán: ¡Y bien! De acuerdo con la visión que he tenido, todos los hombres de diferente color y de diferente raza luchaban para oprimirse unos a otros; pero casi siempre los blancos oprimían a los negros, a los amarillos y a los cobrizos. ¡Tú no tienes idea en qué forma! Yo no pude menos que indignarme, ¡y eso que no era más que un sueño!

Eva: ¿Pero los oprimidos qué hacían? ¿No protestaban?

Adán: Sí, pero era inútil.

Eva: ¿Y tú crees que si esos hombres anduvieran desnudos, existirían diferencias? Fíjate, el sol caería a plomo sobre todos, y las pieles se volverían oscuras…Ya no habría hombres blancos, sólo negros. Negros de sol, de luz, de vida natural y hermosa…Nosotros nos volveremos negros con los siglos.

Adán: Ya lo estamos, tú no lo has notado porque el agua del río viene lodosa por las recientes lluvias, pero ya lo estamos. Fíjate en mi piel…¿qué color tiene?

Eva: Yo la veo del color de la tierra, cuando llueve; y como amo la tierra, el color de tu piel me parece hermoso.

Adán: Gentes como yo, de este color, había en un lugar que en mi sueño se llamaba India, y en lugares nombrados Perú, Brasil, Uruguay, Chile y otros más; pero abundaban en un sitio llamado México. Gente muy bella, sin duda alguna; llenos de paz y de espíritu…Otras gentes, del color del sol cuando empalidece por la amenaza de los días grises, vivían en un lugar llamado China. Estos hombres amaban el refinamiento. Cientos de individuos, de piel dorada como las hojas de otoño, vivían en Arabia, y de allí nació la civilización y la cultura de muchos pueblos. Sería largo contarte, Eva, todo lo que vi en el sueño. Fue un sueño que duró toda la noche.

Eva: Pero lo que me dices no es alarmante.

Adán: Los hombres de mi sueño descubrieron submarinos y barcos, volaban sin ser aves y se hundían y flotaban en el mar sin ser peces; atravesaban el cielo sin encontrar a Dios, y destruían y construían las cosas que la Divinidad creó, transformándolas a su manera; sin duda alguna son hombres que carecían de humildad.

Eva: ¡Pero cuántas de esas cosas podrían evitarse si sólo se mantuviera el principio de la desnudez! Mira, Adán, los hombres en tu sueño luchan por joyas, automóviles y otras cosas igualmente superfluas; pero todo esto se debe a que las necesitan para lucirlas con determinados ropajes. Hacen las guerras porque disparan no sobre otro hombre, sino sobre un uniforme que representa enemistad y se olvidan que dentro del uniforme hay un cuerpo humano; quieren transformar las cosas porque desean la gloria, pero si aprendieran a vivir sencillamente…si pudiéramos enseñarles…

Adán: ¡Calla! ¡No digas tonterías! ¿Y por qué hablas de vehículos y de joyas, y de uniformes? ¿Qué sabes de todo eso? Tú no tuviste una visión, un anuncio celestial…

Eva: Pero tengo mi intuición…La serpiente me ha enseñado muchas cosas; después de oír su voz puedo adivinar el pensamiento que cruza por tu frente y el deseo que te muerde el corazón.

Adán: ¿Y qué es la intuición?

Eva: El aviso de la serpiente dentro de mí; en cierta forma, sabes, Adán, yo tengo su alma.

Adán: La serpiente, si continúas como vas, se apoderará de tu alma. No te acerques más al árbol del bien y del mal, Eva, si no quieres que salgamos del paraíso.

Eva: ¿Y qué más viste en tu sueño?

Adán: El mundo siempre infeliz; los hombres eternamente descontentos y ambiciosos; los hombres sin paz…en guerra consigo mismos, que es peor que la guerra armada, porque no pueden sonreír de frente a la vida… ¡Demasiadas preocupaciones!

Eva: Pero hombres así deben haber tenido un pensamiento fuerte, una palabra cálida…

Adán: Sí, un pensamiento fuerte, pero negativo.

Eva: ¡No lo creo! ¡No puede ser! ¡No es lógico!

Adán: Las mujeres no tienen lógica.

Eva: Pero los hombres no tienen sentido común, Adán, y tú eres un hombre.

Adán: ¡Eva, estamos peleando!

Eva: Tú, en cuanto no opino absolutamente como tú, peleas. ¡Creo que en realidad no mantienes diálogos conmigo, sino que monologas constantemente! ¡A veces me pregunto cómo no te aburres de semejante cosa!

Adán: ¡Eva, por favor!

Eva: Es cierto. Para no alterar la paz, y, sobre todo, porque tengo alma de pájaro y soy dueña de la fantasía, me divierto con muchas cosas sencillas y cuando estás cerca de mí soy como la sombra de tu cuerpo. Entonces, sonríes lleno de satisfacción…¡Ah, pero si te contradigo! Debías de olvidarte de tu soberbia, es humillante, ¿sabes?

Adán: Desde que hablaste con la serpiente analizas demasiado…¡Ah, si pudiera encontrarla!

Eva: Acércate al árbol del bien y del mal, allí la descubrí yo.

Adán: No me atrevo; estoy temeroso por nuestra felicidad.

Eva: Yo estuve hablando con ella y aun no hemos perdido el paraíso.

Adán: Ah, porque Dios me avisó a tiempo el mundo que podríamos formar con nuestro pecado; y es debido a esto que no he hecho el menor caso de tus invitaciones para comer las manzanas del árbol del bien y del mal.

Eva: Pero yo tengo hambre…y las manzanas me apetecen.

Adán: Te traje frutas y flores.

Eva: ¡No basta! Date cuenta que soy una mujer, ¿cómo quieres que me conforme con tan poco?

Adán: Antes de hablar con la serpiente no pedías tanto; tu apetito era moderado.

Eva: Pero ahora no. A veces sueño con un pedazo de carne asada, un pedazo de animal cazado por ti y al que diste muerte con tus propias manos…yo comería la carne y usaría la piel para mi cuerpo…

Adán: Por Dios, Eva, guarda quietud. Hace poco decías que si anduviéramos todos desnudos…

Eva: La piel de leopardo no es más que para adornar mi cuerpo como lo hago cuando coloco flores sobre mis cabellos. Yo estoy segura de que las mujeres jamás haríamos una guerra a pesar de andar bien vestidas, ni dispararíamos unas contra otras…

Adán: Yo no estoy tan convencido de eso. Después de hablar contigo, como estoy haciéndolo, creo que las mujeres son capaces absolutamente de todo.

Eva: En cuanto a la carne asada…

Adán: Jamás, ¿lo oyes? Jamás podré asesinar a un habitante del paraíso para que comas su carne. Acuérdate que aun no existe la muerte.

Eva: ¡Qué lástima que no sea posible matar! Hay demasiados animales en este mundo. Y, bien, podría comer la manzana. Dicen que da un apetito especial, un apetito que anhela el descubrimiento de lo perfecto, de la sensualidad, de la belleza que hace hermosa la vida.

Adán: Eso sería nuestra desgracia. *(Acercándose y tomándola por los hombros).* Espero que no hayas comido de esos frutos. Dime la verdad, ¿has comido?

Eva: La serpiente me dio un fruto y lo guardé cuando tú llegaste. *(Como él la continúa apretando, ella dice, gimiente:)* Adán, que me haces daño.

Adán: Dime, dime dónde la escondiste.

Eva: ¡Qué cara tienes! ¡Si pensaba compartirla contigo!

Adán: ¡Jamás, jamás! He decidido que no comeré de esos frutos nunca, ¿lo oyes bien? ¡Nunca! No dejaremos por mi culpa el paraíso. ¿Dónde has dejado la manzana?

Eva: ¿Qué vas a hacer con ella? ¿Devolvérsela a la serpiente?

Adán: ¡No! Destruirla con mis propias manos.

Eva: No puedes destruir la sabiduría. Sería un acto de barbarie, y tú no eres bárbaro, eres un hombre hecho a la semejanza de Dios.

Adán: También Dios se indigna cuando lo juzga necesario. Pronto, Eva, ¿dónde está esa fruta maligna?

Eva: Aquí la escondí debajo de mis cabellos. Pero déjala allí, ya que no has podido notar ni siquiera su perfume.

Adán: Sí, ya notaba un extraño perfume en ti, pero pensé que era provocado por las flores silvestres que adornan tu pelo.

Eva: ¡No, es la manzana!

ADÁN: ¡Dámela!

EVA: Espera, charlemos antes un poco más…Después de todo, el tiempo no cuenta para nosotros. Mira, las nubes que pasan son semejantes a tus pensamientos; tienen distinta forma y color…Esto hace que cambie tu semblante a medida que transcurren las horas, y yo sé del color de tu alma.

ADÁN: No converses más.

EVA: Cuando estoy callada me preguntas por la causa de mi silencio. Otras ocasiones dices que te encanta mi voz porque es igual que la de los pájaros; y mientras que te digo cosas y más cosas, tú cierras los párpados, y sonríes, no me respondes, y juegas con mis cabellos. Durante muchas noches te he dormido con mis palabras…

ADÁN: Pero hoy no quiero escucharte.

EVA: ¿Deseas que guarde silencio? ¿Y, por qué? ¿Por qué esa impaciencia? A lo mejor lo que anhelas es ver de cerca la fruta de la sabiduría y por eso quieres tenerla entre tus manos.

ADÁN: ¡Mientes!

EVA: *(Con gran dulzura.)* ¿Por qué te excitas? *(Pasándole las manos por los cabellos).* Todo lo tendrás a su tiempo. Una mujer como yo no sabe de impaciencias. Yo creo que para ser justos, debería exigirte algo a cambio.

ADÁN: ¿Qué, por ejemplo?

EVA: La piel del leopardo y la carne del cordero.

ADÁN: ¡Imposible!

EVA: Nada hay imposible para ti.

ADÁN: Pero es necesario que tengas confianza, mucha confianza en que cumpliré mis promesas, porque no pienso alejarme, Eva, no pienso ni quiero alejarme porque no deseo que caigas en la tentación. Es necesario que te salve.

EVA: Yo no tengo miedo de la tentación, de la serpiente, ni de la verdadera vida.

ADÁN: Pero yo tengo que velar por ti. Todo lo que pidas lo daré con el tiempo.

EVA: Pero, ¿cómo vas a lograr la piel del leopardo ni la carne del cordero si en el paraíso no existe la muerte?

ADÁN: Yo la inventaré.

EVA: ¡No puedes! Sólo comiendo los frutos del bien y del mal…

ADÁN: Entonces no será posible descubrir a la muerte…Pero ¿para qué deseamos la muerte? En el mundo que yo vi no sabes cuánto le temían los hombres. La muerte era algo que les daba horror; y yo los contemplé en mi sueño, con los ojos en blanco, los labios entreabiertos, pálidos, descompuestos, horribles. Ah, y existía también en ese mundo que tú tanto anhelas, la enfermedad, la vejez.

Eva: ¿Cómo se veían los hombres ya viejos?

Adán: ¡Tan cambiados! ¡Tan cambiados! Renegando de los ideales de toda su vida, claudicando, ahorrando hasta el último centavo por miedo a la pobreza; y ésta, a pesar de todo, devorando a la mayoría; mintiendo, peleando… Tú no sabes el mundo que yo he visto, porque no lo has soñado. Eva, es necesario no hacer caso de la serpiente ni de sus tentaciones. ¡Dame la manzana! Dámela, o me veré obligado a quitártela por la fuerza.

Eva: Mejor quítamela con cariño.

Adán: Deja, pues, acariciar tus hombros que son más blancos que la leche; déjame recrearme en tu rostro que es como el valle; da quietud mi espíritu; deja acariciar tus cabellos iguales que la cascada que forma el río en la época de lluvias, durante la primavera. *(Mientras esto dice le pasa las manos por el rostro, los hombros, y los cabellos.)* Déjame ver tu sonrisa que tiene el encanto de la espuma que se pierde en las playas; déjame acariciar tu cuello, grácil como una estalactita, de que pende la roja manzana.

(Diciendo esto, pasa sus manos a través del cuello y se detiene en su nuca, debajo de la gran mata de pelo, y cuando las retira, lleva en sus manos la manzana.)

Adán: ¡Qué hermosa es! Semeja un corazón, así debe ser el corazón, porque en mi sueño lo vi al descubierto en el pecho de muchos hombres heridos en el campo de batalla de la vida y de la guerra.

Eva: ¿No se te antoja comerla? ¡Debe de ser tan suave entre nuestros dientes!

Adán: ¡Calla!

Eva: Muerde.

Adán: ¡No!

Eva: ¡Sí! Es voluptuosa al tacto, porque tiene la suavidad de mi piel; muérdela . . . es . . . es como si mordieras mis labios.

Adán: No sigas . . . ¡Dios mío, antes que caer en tentación, he jurado destruirla! ¡Dios mío, tú me has dado un aviso, me has enviado un sueño revelador! ¡Gracias, Dios mío! Ayúdame a no caer en tentación, ayúdame a terminar con el mal. ¡Ayúdame! ¡Dame fuerzas, Señor!

Eva: No invoques más a Dios. También el árbol del bien y del mal fue creado por él.

Adán: ¡No es verdad! ¡No puede ser verdad! Ahora, con mis manos, destruiré el mundo del pecado. ¡Dios me dará fuerza! *(Diciendo esto, oprime entre sus dedos la manzana, que se deshace en un líquido rojo, efecto fácilmente lograble.)*

Eva: ¡Has matado a la vida! ¡Tú, que no sabías lo que era la muerte, has matado a la vida!

Adán: He obedecido a Dios.*(Cuando él está destruyendo la manzana, se oyen truenos que se eleven en sonido cuando él termina: "he obedecido a Dios.")*

III

Eva: ¡Adán!

Adán: ¿Qué quieres?

Eva: No me respondas tan fríamente. Ahora es el aniversario de nuestra dicha. Cumplimos dos mil años de felicidad y todo sigue lo mismo.

Adán: ¡Qué sabes tú del tiempo!

Eva: Las mujeres estamos siempre pendientes de él.

Adán: ¿Cuáles mujeres?

Eva: Las que viven en mí. ¡Todo sigue lo mismo!

Adán: Absolutamente igual: los pájaros son aquellos que existían en un principio, las flores, los ríos, el césped y los árboles, tú y yo…

Eva: Hemos sido felices…

Adán: Sí, lo hemos sido. Nada ha cambiado. Anochece y amanece, hago cosas iguales todos los días, tu rostro sigue bello; comemos alas de mariposas, desnudamos el alba; un día transcurre siguiendo al que le antecedió y el de hoy es igual, será igual al día de mañana. Tú me haces coronas de rosas y yo bebo el rocío de tus ojos…

Eva: Has cumplido tu ofrecimiento. Me dijiste al principio de nuestra dicha: Yo tejeré coronas de rosas para ti con las ramas de los árboles más altos y humedeceré mi boca con el rocío de la mañana para que tomes, cuando tengas sed, el agua en mis párpados ignorantes de lágrimas…¡Y has cumplido! ¡No lloras, no lloramos, no lloraremos nunca!

Adán: Odio el sufrimiento.

Eva: En el mundo que soñaste se sufría, se gozaba, y se moría. Tú y yo, aquí en el paraíso, no tendremos nada de eso. Estamos condenados a la dicha perpetua, a la alegría inalterable, al goce puro de lo que nos rodea.

Adán: Veo que quisieras reír y llorar, pero ya no podremos comer los frutos del árbol del bien y del mal.

Eva: ¡Si pudiéramos llorar!

Adán: Ahora que hemos vivido dos mil años de felicidad, me aterra la dicha. ¿No te das cuenta, Eva?

Eva: ¿De qué?

Adán: Que así continuaremos por siglos y siglos, tú y yo, solos, en este mundo, solos y felices con nuestra vida eterna. ¡Felices!

Eva: ¡Te aburres!

Adán: Se supone que debía ser dichoso. ¡Se supone!

Eva: ¿Cuánto tiempo durará esto?

Adán: ¡Siempre, siempre! Es horrible. Ya he contado los cabellos que adornan tu frente, el número de tus pestañas, los poros de tu cuerpo, las hojas de los árboles; he vagado por todos los caminos, jugado con la arena y con el mar, y aun sobra el tiempo…Siempre sobrará el tiempo. Eva, ¿cuál fue la maldición si comíamos los frutos del bien y del mal?

Eva: Que ganarías el pan con el sudor de tu frente y que yo pariría con dolor; pero esto no podrá ser. No hemos comido la manzana.

Adán: Y la serpiente, ¿ya no te ha hablado?

Eva: Jamás. Cuando le platiqué de tu sueño rió a carcajadas, rió mucho…

Adán: ¿Y qué te dijo?

Eva: Que ya verías lo que era la verdadera maldición, la de ser feliz sin contraste; la de aburrirte por el método más tedioso: la dicha perpetua sin el escape único, o sea la muerte.

Adán: ¿Y qué es la muerte? ¿Nunca te enteraste?

Eva: Tú me contaste de ella porque la viste en el sueño que tuviste, pero la serpiente me habló de la muerte en forma distinta. Me dijo que la muerte es descansar, no ver ya este mundo; no contar las hojas de los árboles ni contemplar este cielo azul…no permanecer…El fin, el término de la jornada.

Adán: ¡Qué dicha! ¡Oh, qué dicha!

Eva: ¿Después de dos mil años de paraíso, ¿crees que la muerte es lo mejor? ¿Es que te aburres conmigo? ¡Lo esperaba!

Adán: No, no es contigo, es con la vida. ¿Dices que si creo que la muerte es lo mejor? Sí, y el sufrimiento, y el dolor, y la enfermedad. Eso, eso es la verdadera vida. No importa que los hombres se maten mientras que tengan por qué luchar y mientras haya otros que los substituyan.

Eva: Ya es tarde para todo eso. Aquí estamos nada más tú y yo, yo y tú…ya es muy tarde…

Adán: Siempre habrá un medio de escape: ya no puedo continuar así. ¡Ya no puedo!

Eva: Si hubiéramos comido la manzana habríamos creado un mundo en que nuestros hijos y los hijos de nuestros hijos, hasta la eternidad, nos hubieran sobrevivido, habrían luchado, descubierto cosas, transformado la vida; la hubieran gozado y sufrido en una forma infinita. Tú te habrías maravillado de las cosas que se les hubieran ocurrido, si no a unos, a otros; hubieras visto qué mundos creaban con su imaginación, con su inteligencia…¿Y qué importancia tenía la destrucción? Ésta no es más que una forma de la vida renovable: destruir para crear. Adán, con todo respeto, permíteme que te diga que hemos sido unos tontos por no haberle hecho caso a la serpiente.

ADÁN: Mía fue la culpa. Eva, yo soy el responsable. Soy el hombre, ¿te enteras?

EVA: Desde hace tiempo estoy enterada, presumes demasiado con ello. Pero yo debí haber empleado, para convencerte, mi sutileza y mi intuición. Ya ves, tú, por ser el hombre, por haber obrado de acuerdo con tu egoísmo, estás palpando los resultados de tu miedo de vivir. Y ahora, cuando ya no hay remedio para nuestros males, no haces otra cosa desde hace días que lamentarte y aburrirte.

ADÁN: Reconozco que es desagradable.

EVA: Deseo dejarte solo.

ADÁN: Frecuentemente me abandonas.

EVA: Si pudiera te abandonaría para siempre. No me gustas desde aquel día que tuviste miedo de comer los frutos del bien y del mal. Pero no te abandonaré, estamos condenados a vivir juntos por los siglos de los siglos, en perpetua soledad, sin descendencia, es decir, sin futuro. Ah, cuando vine junto a ti, era tan feliz…

ADÁN: ¡Y yo! ¿No te recibí con los brazos abiertos? Había pedido a nuestro Creador una compañera y te puso junto a mí; pero luego han pasado los días, los años, los siglos, y no hay nada que hacer. Vagamos en pena por todo el paraíso, sin muerte y sin hijos, y todo es eternamente igual. Eva, ¿por qué no te disgustas conmigo?

EVA: ¿Y por qué me había de disgustar? Estamos condenados a ser felices. ¿No te das cuenta de lo que tal cosa significa? ¡Fe-li-ces!

ADÁN: ¡Ah, si te hubiera hecho caso!

EVA: Ya ves lo que resulta cuando la mujer permite al hombre hacer el mundo a su manera: ¡el desastre!

ADÁN: También ocurriría el desastre en el mundo que íbamos a formar. Lo vi en el sueño.

EVA: Claro, porque ese mundo estaría manejado por ustedes, los hombres. Ah, cuando el hombre se siente tan poderoso, termina siendo abatido por su soberbia. Tú no eres Dios, ya te lo dije desde un principio. Sólo Dios sería capaz de vivir eternamente en el paraíso terrenal, por los siglos de los siglos sin aburrirse…Feliz siempre, candoroso siempre…Pero tú, no eres más que un hombre, y un hombre…

ADÁN: Es verdad. Un pobre hombre que quiso imitar a Dios.

EVA: Probablemente Dios, sabiéndolo, nos envió a la serpiente para la perfecta dicha; por eso nos dejó la tentación, ¿comprendes?, al fin de que tuviéramos el trabajo, el dolor…es decir, lo humano, ya que no somos divinos.

ADÁN: ¡Qué tonto he sido!

Eva: Menos mal que lo reconoces.

Adán: ¡Si pudiera comer los frutos del árbol del bien y del mal! Pero desde que destruí la manzana, el árbol está sin frutos. Si la serpiente viniera para aconsejarnos…

Eva: Bien lo necesitamos. Nosotros no sabemos nada de la vida.

Adán: Y menos de la muerte que debe ser tan hermosa.

Eva: Vamos en su busca, en busca de la serpiente.

Adán: Es más amiga tuya que mía. Ve, aquí te espero, ojalá pudieras traerla contigo. Ah, si la serpiente nos hablara, si nos trasmitiera el secreto para vivir una verdadera vida…

Eva: Ya no te atormentes ni me atormentes; yo encontraré a la serpiente.

Adán: ¿No tienes miedo?

Eva: ¡Jamás me asustó la vida!

Adán: Yo anhelé la dicha perfecta.

Eva: No la tenemos. Hay que buscar a la serpiente.

Adán: Si tuviera más valor te acompañaría.

Eva: No. Quédate, es necesario. A lo mejor Dios, dolido de tu impotencia para la dicha, te envíe otro mensaje en que puedas hallar el sufrimiento.

Adán: Entonces, aquí te espero.

(Eva sale.)

(Adán se queda meditando sobre la roca. De pronto, se escucha una voz.)

Serpiente: Adán.

Adán: *(Mirando a todos lados, sin ver a nadie.)* ¿Dónde estás? Oh, mi soledad, escucho tu voz por la necesidad de oírte, te escucho aunque no estés a mi lado.

Serpiente: Adán.

Adán: ¿De dónde llega esa voz? Es allí, en el árbol del bien y del mal. ¡Ah, si fuera la voz de la serpiente!

Serpiente: Adán, estás sufriendo el castigo mayor que pueda sufrir el hombre: el descontento.

Adán: Es verdad. Estoy descontento del paraíso, aburrido del paraíso. Tanta felicidad cansa.

Serpiente: Es mi culpa. Yo te he vuelto descontento.

Adán: ¡Maldita! ¡Debía matarte!

Serpiente: No podrás. Mi cuerpo está muerto, es sólo mi voz lo único vivo que queda de mí, la que tú escuchas. Pronto, muy pronto ya, tampoco escucharás mi voz…

Adán: Dame un consejo…Dame el secreto de la muerte…

Serpiente: *(Ríe a carcajadas).*
(Desesperado, Adán tiende los brazos al árbol del bien y del mal y entre sus manos toma el cuerpo de la serpiente.)
Adán: ¡Es cierto! ¡Está muerta! ¡Ah, no! ¡No puede ser! ¿Por qué? *(Casi gime.)* ¿Por qué? ¡Yo que pensé que moriría al infiltrárseme tu veneno en la sangre! Ahora entiendo: al provocarme el descontento eterno, lo hiciste con el sacrificio de tu propia vida, para matar en vida a la mía; pero yo estrangularé mi cuello con tu cuerpo. Tú, sólo tú debes tener el secreto para hacerme morir, como antes lo tenías para hacerme supervivir. *(Se la pone al cuello.)* ¡Ah, qué dulce es tu frialdad! Tu cuerpo es mi propio deseo. Tu cuerpo es semejante a mi sexo que no vivió, que es una cosa estéril. Tu solo contacto me vivifica. Serpiente mía, deseo estrangulado, agotante y necesario…Si sólo pudieras vivir para darme el secreto de la verdadera dicha, del dolor, de la alegría, del encanto de amar…Pero aquí estás yerta entre mis manos; pues bien, que se ahogue mi garganta, que mi voz no sea más, que el descontento termine, que ya que no quise que me proporcionaras la vida, proporcióname la ansiada muerte.
Eva: *(Entrando.)* Adán, Adán, ¿qué haces?
Adán: Voy a descubrir la mortalidad, su secreto está en el cuerpo de la serpiente, como antes, también, en el cuerpo de la serpiente estuvo el secreto de la vida.
Eva: Ah, entonces muramos juntos.
Adán: *(Con júbilo.)* Sí, sí, muramos. Déjame pasar por tu cuello el lazo mortal.
(Pasa, uniendo a ambos, el cuerpo de la serpiente en forma de ocho, de tal suerte que se forma un nudo corredizo.)
Eva: Siento algo tan distinto a lo vivido hasta hoy…Veo con claridad, ahora que me atas con la serpiente, las profundidades de la belleza del goce que nunca tuvimos.
Adán: Pero ya podemos escapar del paraíso donde tanto nos hemos hastiado. ¿Sientes venir la muerte? ¿Cómo es para ti?
Eva: Debe ser semejante al goce. Dulce, muy dulce. Sólo, un espasmo…un descanso agotante, una paz…Y sin embargo, aun me gusta el paraíso. Quisiera no abandonarlo sin poblar el mundo. Parir con dolor, ¡qué dicha hubiera sido! ¡Qué prolongación del goce!
Adán: Y ganar el pan con el sudor de mi frente, para ti y para nuestros hijos, me habría hecho apreciar el descanso y la paz encontrados en tus brazos.
Eva: ¿Cómo es la muerte para ti?

ADÁN: Una liberación. ¡Me liberé al fin del paraíso! Ya no contaré tus cabellos fingiendo una satisfacción cuando en realidad sentía aburrimiento; ni comerás pétalos de rosas traídos por mis manos siempre llenas de polvo de oro; ya no haremos lo mismo todos los días.

EVA: ¡No conocimos el amor!

ADÁN: Aprieta más el lazo serpentino alrededor de tu cuello. Así conocerás nuestros deseos estrangulados. Eva, Eva, me estoy muriendo. ¡Al fin, me estoy muriendo!

EVA: ¡Gracias a Dios!

ADÁN: O al diablo, ¿qué más da? Ya casi estamos fuera del paraíso. Nos hemos expulsado a nosotros mismos. ¡Y pensar que si hubiéramos tenido, creado un mundo, los hombres hubieran añorado en la hora de su tristeza, el paraíso perdido!

EVA: ¡No habrá jamás hombres para que sepan hasta qué grado nos expulsó del paraíso nuestra aburrida felicidad!

ADÁN: ¡No los habrá!

EVA: Tú, que tan orgulloso estuviste de estar hecho a imagen y semejanza de Dios, no te permitiste el lujo de crear a otros seres…

ADÁN: Debí haberles proporcionado la vida y la muerte, la dicha y del descontento, todo lo que ahora descubrimos nosotros…

EVA: Pero ellos hubieran tenido también el amor…

ADÁN: Ya estamos saliendo del paraíso.

EVA: Pero sin el mundo, sin el mundo que debimos hacer.

ADÁN: Nos conservamos puros. ¡Ah, qué tontería! Eva, lo único que verdaderamente siento y de lo cual jamás me arrepentiré bastante, es…

EVA: Dímelo antes de morir. ¿Qué es, Adán? Ya serán tus últimas palabras, dilas pronto.

ADÁN: *(Casi agónico.)* ¡No haber mordido la manzana!

(Mientras sucede esta última parte del diálogo el telón va cayendo poco a poco, para que la escena final de Eva y Adán, abrazados mortalmente, sea rápidamente desaparecida.)

FIN

Dolores Prida y el arte del biculturalismo

Al final del drama bilingüe *Coser y cantar*, uno de los personajes, She, se pregunta: "Where's the map?," pero resulta que su otro-yo latina, Ella, tampoco puede localizar un mapa que pudiera orientarlas. Esta ausencia de un mapa sintetiza la búsqueda de una identidad bicultural que caracteriza la obra periodística y teatral de Dolores Prida. Nacida en 1943, Prida se crió en Caibarién, un pueblo en la costa norte de Cuba. Poco después del triunfo de la Revolución de 1959 su padre huyó a los Estados Unidos en una pequeña embarcación con destino a Miami. Dos años más tarde, Prida, su madre y sus dos hermanas menores emigraron y la familia se estableció en Nueva York. Como lectora ávida y estudiante precoz, desde su juventud, había escrito poemas, cuentos y artículos periodísticos. A los 18 años, sin embargo, se encontró como inmigrante en la metrópoli con la necesidad de ayudar a su familia a establecerse. Luego de trabajar en una panadería por seis años, volvió a encontrar su destino como escritora cuando consiguió el puesto de editora del boletín de empleados del negocio. Siguió refinando sus habilidades de escritura tomando cursos universitarios de literatura hispanoamericana y logró desarrollar una carrera exitosa como editora, periodista, traductora, guionista de cine y televisión, poeta y dramaturga. A lo largo de los años, desde sus puestos de liderazgo en organizaciones como el NPRF (El Foro Nacional Puertorriqueño), AHA (Asociación de Artes Hispanas) y Teatro INTAR (Relaciones Internacionales de Artes S.A.) y un sinfín de artículos en periódicos y revistas tales como *El Tiempo*, *El Diario La Prensa*, *The New York Daily News*, *Visión* y *Latina*, Prida se ha convertido en una de las portavoces más celebradas de la comunidad latina neoyorquina. En reconocimiento a sus aportaciones, Prida ha sido galardonada con una beca por la Fundación Cintas, el premio CAPS (Premio de Servicio Público de Artistas Creativos), el premio de Excelencia en las Artes del presidente del distrito municipal de Manhattan y un doctorado *honoris causa* de Mount Holyoke College.

Autora de más de una docena de piezas teatrales ampliamente publicadas y puestas en escena, Prida también ha podido comunicarse con la comunidad latina desde las tablas. Su primera experiencia teatral ocurrió en Nueva York donde vio su primera obra de teatro, un musical, género teatral que le impresionó mucho. En los años 1960, época de efervescencia artística y política, participó en lecturas poéticas y *happenings*, contagiándose con la energía generada por la reacción del público. Se formó como teatrista en los años 1970 con Teatro de Orilla, un grupo de teatro popular del "Loisaida" (la zona este del bajo

Manhattan). Con este grupo, aprendió a apreciar el teatro como un proyecto colectivo haciendo de todo—trabajando en la taquilla, ayudando con la construcción de la utilería, manejando las luces y el sonido—menos la actuación. Se inspiró a escribir un drama en 1976, cuando como corresponsal, estuvo en un festival de arte en Caracas, Venezuela y se dio cuenta que ninguna de las obras teatrales que había visto trataba de la condición de la mujer. Su repuesta fue volver a Nueva York y componer *Beautiful Señoritas*, una pieza musical que critica los estereotipos que definen a la mujer latina, estrenada por Teatro Duo en 1977.

La obra de Prida se aparta del realismo duro de los dramas de la criminalidad y las drogas de autores latinos masculinos de los años 1970 y 1980 como Miguel Piñero (*Short Eyes*) y Reinaldo Povod (*Cuba and His Teddy Bear*). Prida cita diversas influencias artísticas: Bertolt Brecht, el Teatro Campesino de Luis Valdez y el musical americano de Richard Rogers y Oscar Hammerstein. De Brecht sacó la concepción de un teatro verídico y entretenido que no se apega al ilusionismo teatral; del Teatro Campesino, un compromiso con escenificar historias que reflejan los conflictos sociales y étnicos vividos por su público; y del musical una forma de incluir la rica tradición cultural de música latinoamericana en sus historias. El resultado ha sido un teatro político—aligerado por el humor y el uso sabio de elementos de la cultura popular tales como la telenovela, el concurso de belleza, la comida, la música, los proverbios, las prácticas populares religiosas—con que la comunidad latina se siente identificada. Otra clave de su éxito ha sido su capacidad de llegar a un público amplio, escribiendo algunas obras en inglés, otras en español y hasta otras plenamente bilingües. Según Prida, tanto la obra en sí como el teatro en el cual está destinado a estrenarse determinan el idioma que usa.

La subjetividad femenina, las ambivalencias y conflictos del biculturalismo, muchas veces presentados en conjunto, componen los hilos temáticos principales de la obra de Prida. *Beautiful Señoritas*: *A Play With Music*, por ejemplo, se trata de los roles de género en las culturas latinoamericanas y los conceptos estereotipados de la mujer tanto nacidos de esta cultura como impuestos desde afuera. Usa la música, el baile y la sátira para cuestionar las ideologías que apoyan la representación de la mujer latina como exageradamente sensualizada y seductora por un lado, y maternal, casta y abnegada, por otro. La pieza se estructura como un concurso de belleza, invitando así a los espectadores de la obra a hacer el papel de un público que debe juzgar las imágenes de la femineidad representadas por las bellas señoritas concursantes: Miss Little Havana, Miss Chile Tamale, Miss Commonwealth y Miss Conchita Banana. Las mismas actrices también hacen los papeles de íconos como Carmen Miranda, Charo y María de la O, y los papeles no menos icónicos de Madre, Monja y Mártir. El resultado es una sátira anti-machista desternillante que abre nuevos caminos en el teatro latino por su exploración de la performatividad del género, así como un tratamiento franco del tema de la sexualidad femenina.

Coser y cantar: A One-Act Bilingual Fantasy for Two Women (1981) es la obra más personal de Prida porque profundiza en la misma lucha interna que reconcilia las dos culturas, dos lenguas y dos visiones del mundo que ella ha vivido. Encerradas en un apartamento, Ella y She actúan como si estuvieran solas en el escenario y ocupan distintos espacios identificados por su cultura: por un lado, She, con sus periódicos, vitaminas, Diet Pepsi y programas de ejercicio de Jane Fonda y por otro, Ella, con sus revistas de belleza, una estatua de la Virgen de la Caridad, guarapo de caña y música cubana. Las dos mujeres en realidad son la misma persona y sus monólogos son, como indican las acotaciones, como un partido de *ping-pong* inglés-español que forma un debate dialógico en el cual distintos modos de femineidad se enfrentan. Como comenta Prida, el esfuerzo por la autodefinición para la mujer latina es una lucha que no se da por concluida: "Ambas culturas ganan y ninguna gana; ése es el mensaje" (Feliciano 116). Al concluir la obra, no es evidente que She y Ella logren formar una nueva identidad latina equilibrada, en cambio, se sugiere que juntas tendrán que crear su propio "mapa" hacia una subjetividad híbrida.

Savings: A Musical Fable (1985) y *Casa propia: Ópera sin música en dos actos* (1999) se centran en las comunidades multiculturales de Nueva York y la cuestión de preservar la identidad de los barrios de los inmigrantes allí establecidos. En *Savings*, personajes latinos, anglos, judíos, afroamericanos y chinos—todos vinculados por el banco del vecindario—resisten las fuerzas del aburguesamiento que amenazan los negocios locales y suben el alquiler fuera del alcance de los residentes del barrio. *Casa propia* no sólo trata del inmigrante logrando el sueño americano de ser dueño de una casa sino que reflexiona sobre el deseo de la mujer de tener su propio espacio también. Olga, la protagonista cubana de la obra, consigue un préstamo para comprar una casa a pesar de las dudas de Manolo, su marido, que al parecer no está muy comprometido ni con la familia ni el barrio. En esta obra los hombres o son ausentes o son inútiles, y son las mujeres las que se solidarizan para crear identidades y vidas en Nueva York con o sin la ayuda de éstos. Como sugiere el subtítulo, no hay música en la obra pero hay una cualidad de ópera en interrumpir el diálogo con apartados de tipo aria en los que los personajes principales revelan algo sobre un episodio principal en su vida, sus penas y sus esperanzas.

Se ve también el protagonismo femenino en *Botánica: Una comedia de milagros* (1991), la obra de Prida más asociada con el realismo dramático por su estructura aristotélica y el desarrollo psicológico de los personajes. En este drama, la convivencia de tres generaciones de mujeres de una familia puertorriqueña-cubana yuxtapone diferentes maneras de ser bicultural. Como la ceiba, el árbol ancestral omnipresente decorando la pared de la Botánica La Ceiba, la matriarca y dueña de la tienda, doña Geno, representa la tradición afrocaribeña y la memoria cultural. A doña Geno le gustaría jubilarse y legar los secretos de las prácticas de la santería, la curandería y el esoterismo a su nieta, Milagros (quien prefiere su nombre anglicanizado, Millie). Sin embargo esta, recién graduada de una universidad de élite, es más receptiva a una carrera tradicional en el sector bancario y prefiere vender el negocio familiar. Los choques entre Milagros, su madre Anamú, su abuela y varios personajes del barrio revelan que la tradición y la modernidad, la sabiduría y la erudición, la fe y el pragmatismo, la comunidad y el individualismo pueden encontrar un equilibrio a veces tenso, pero potencialmente productivo. La botánica no se vende gracias a un proceso de transculturación semejante a lo que escribe el antropólogo cubano Fernando Ortiz en el cual la abuela tiene que abandonar ciertas costumbres (desculturación) y la nieta tiene que aceptar nuevas prácticas (aculturación) así creando el nuevo fenómeno cultural (neoculturación) de la botánica modernizada, La Ceiba Tree Boutique. En este nuevo espacio negociado, las recetas espirituales guardadas en la memoria de la abuela serán archivadas en una nueva computadora.

Los jóvenes en *Botánica* comentan en un español marcado por la influencia del inglés que la forma en que uno ocupa un espacio identitario híbrido depende de su "equipaje," o sea, de cómo uno maneja su historia personal. Las declaraciones de Prida en testimonios y entrevistas—de verse como una escritora americana que forma parte de una minoría étnica en los Estados Unidos—indican algo sobre cómo ha manejado la política de ser cubanoamericana. Irónicamente, aunque su formación teatral se llevó a cabo enteramente fuera de Cuba y sus obras no debaten de la política cubana ni cubanoamericana, su activismo en los 1970 a favor de establecer diálogos entre la isla y la diáspora le valieron amenazas de muerte y la cancelación de *Coser y Cantar* en Miami en 1986. Por el contrario, en Nueva York Prida ha podido colaborar con cubanos de diversas posiciones políticas, y en Cuba se han hecho lecturas de sus dramas. Sin lugar a dudas es legítimo estudiar la obra de Prida dentro de la tradición teatral cubana, pero es igualmente importante, y hasta más iluminador, leer su obra dentro de la tradición de literatura hispana en los Estados Unidos. Prida, en fin, escribe sobre su mundo inmediato, el mundo de los barrios multiculturales de Nueva York, y su proyecto—periodístico, teatral y político—ha sido luchar por la inclusión sociopolítica de los latinos en la sociedad norteamericana. Con Millie/Milagros, una reencarnación de She y Ella de su pieza más temprana, *Coser y cantar*, Prida inventa un personaje que parece encontrar un mapa personal para llevar una fructífera vida bicultural. En conjunto, las vivencias escenificadas en las obras de Prida representan una cartografía de subjetividades híbridas que ha servido para entretener y hacer reflexionar a un público bicultural y bilingüe, la comunidad, según Prida, más americana de todas "porque combinamos las dos Américas" (Feliciano 116).

Camilla Stevens
Rutgers University

Botánica

Dolores Prida

Personajes:

Doña Geno. Genoveva Domínguez. Sesenta y tantos años. Nació en Guayama, Puerto Rico. Vive en Nueva York hace más de 40 años. Viuda. Es la dueña y señora de la Botánica La Ceiba, localizada en el área de Manhattan (Nueva York) conocida como El Barrio.
Anamú. Cuarentona. Hija de Doña Geno. Divorciada. Es la madre de Milagros (Millie). Mujer indecisa, algo hastiada de la vida. Nació en Puerto Rico, pero llegó a Nueva York de niña.
Millie. Milagros Castillo. 22 años. Nacida en Nueva York. Se acaba de graduar de la universidad en Administración de Negocios.
Rubén. Veintiséis años. Amigo de Millie desde que eran niños. Nacido en Nueva York. Trabaja en una organización de desarrollo de la comunidad en El Barrio.
Pepe el Indio. De edad y nacionalidad incierta. Es un "homeless" borracho y filósofo que deambula por el vecindario.
Luisa y Carmen. Clientas de la botánica.
Santa Bárbara y San Lázaro. Dos santos

Botánica se estrenó en El Teatro Repertorio Español en la ciudad de Nueva York el 15 de enero de 1991 con el siguiente reparto:

Doña Geno	Ofelia González
Anamú	Ana Margarita Martínez-Casado
Millie	Iliana Guibert
Rubén	Rolando Gómez
Pepe el Indio	Juan Villarreal
Carmen	Marielva Sieg
Luisa	Irma Bello

La obra fue comisionada por el Teatro Repertorio Español y producida por René Buch, Roberto Federico y Gilberto Zaldívar para dicho teatro. Manuel Martín Jr. dirigió la obra, y la escenografía y el vestuario estuvieron a cargo de Randy Barceló.

Escenografía:

Toda la acción ocurre dentro de la Botánica La Ceiba. Aunque la escenografía no tiene que ser realista, sí es necesario que aparezca una cierta cantidad de parafernalia que se vende en las botánicas: velas, yerbas, incienso, frascos de esencia y despojos, aerosoles e imágenes de santos. Un enorme grabado o dibujo de una ceiba domina la escena. Debajo de ésta se encuentra la silla-trono de Doña Geno. A un lado hay un pequeño mostrador. Una puerta comunica con la calle, otra con el interior de la casa.

I

Al subir las luces, Doña Genoveva *está atendiendo a una clienta en la botánica.*

Luisa: No creo que sea otra mujer, Doña Geno. ¿Con qué tiempo? El pobre tiene dos trabajos. Primero pensé que era por el pelo, usted sabe…

Geno: ¿Qué pelo?

Luisa: Mi pelo. Hace unos meses se me empezó a caer, perdió el brillo, se me puso como muerto—yo que tenía una maranta de pelo preciosa. Pero yo vi en la televisión, en los "Cinco Minutos con Mirta de Perales", que una señora le escribió contándole que su marido ya ni la miraba porque tenía el pelo feo. Mirta le recomendó su Loción Mirta, y zás, el pelo se le puso bello y el marido se volvió a enamorar de ella. Yo me compré la misma loción, pero nada. Arturo ni me mira. ¿Qué me recomienda usted, Doña Geno?

Geno: Sábila. Los americanos la llaman Aloe Vera. La tengo en líquido, en gelatina y en cápsulas.

Luisa: ¿Para el pelo?

Geno: *(Sacando botellas, cajas y sobres de sábila y poniéndolos sobre el mostrador.)* Hija, está comprobado que la sábila contiene propiedades medicinales para el tratamiento de artritis, presión alta, asma, vaginitis, disentería, erisipela, hemorroides, pie de atleta, salpullido, colitis, diarrea, estreñimiento, gripe, apoplejía, caspa, dolor de muelas, y… *(Triunfante.)* ¡caída del cabello!… Pero eso no es todo, la sábila es además un limpiador, refrescante, humectante y nutriente de la piel; estimula el páncreas, repele los insectos y elimina el mal olor de los pies, ayuda a bajar de peso, acondiciona el cabello… y es un poderoso estimulante del poder sexual.

Luisa: ¡Ay Virgen! ¡Déme seis de líquido, seis de gelatina y cuatro de cápsulas!

Geno: *(Saca un sobre de manila.)* Por si las moscas, te recomiendo que quemes este incienso del "Perpetuo Socorro" varias veces al día, y cuando te bañes echa unas gotitas de este "Vente Conmigo Despojo Bath" en la bañera. Éste lo preparo yo misma. Además te voy a dar una receta espiritual para traer buena suerte a la casa. Escucha bien: Coges un huevo, lo cruzas con una cinta blanca y una azul, le pones unas gotas del perfume que usas…

Luisa: Mirta.

Geno: …pones el huevo en un plato y le enciendes una vela roja, rezas tres Padres Nuestros y apagas la vela. Pon el huevo durante toda la noche a los pies de la cama. Al otro día lo levantas y lo tiras al río.

Luisa: ¿Cuál río?

Geno: Cualquiera.

Luisa: Creo que lo voy a tirar al Hudson. Es más grande.

Geno: El Hudson está bien, pero tíralo hacia downtown. Por allá arriba los dominicanos lo tienen un poco recargado.

Luisa: Ay, no sabe cuánto se lo agradezco, Doña Geno. ¿Cuánto le debo?

Geno: (Geno *arranca un pedazo de una bolsa de papel, escribe con un lápiz casi sin punta. Saca cuenta moviendo los labios.*) Son $45.50.

Luisa: Ay, fíjese, no pensé que sería tanto. No traigo tanto dinero conmigo.

Geno: No te preocupes, m'ijita. Dame lo que puedas. Lo otro te apunto y luego me lo traes.

Luisa: (Luisa *le da cinco dólares.* Geno *hace anotación en el pedazo de cartucho y lo echa en un shopping bag de papel que tiene sobre el mostrador.*) Sin falta se lo traigo en cuanto me pegue en la bolita esta semana. Otra consultita, Doña Geno: anoche soñé con Elsie. ¿Qué número cree que debo jugar?

Geno: ¿Quién es Elsie?

Luisa: La vaca de la televisión. ¿No se acuerda?

Geno: Ah, sí. Bueno, si soñaste que *viste* una vaca, eso significaba que te van a visitar parientes. Si soñaste que estabas *ordeñando* una vaca, eso quiere decir que vas a ganar dinero.

Luisa: No me acuerdo si la ordeñé o no.

Geno: De todos, juega el 744.

Luisa: El 744… jmmm, suena lindo… Oiga, Doña Geno, ¿en cuánto tiempo usted cree que esto otro surta efecto?

Geno: Dale como dos semanas al asunto. Y déjame saber en cuanto notes algún cambio.

Luisa: Gracias, Doña Geno. Que Dios se lo pague. Adiós.

Geno: Hasta luego, m'ijita, que Dios te bendiga. (*Se sienta en su silla debajo de la ceiba. Se echa fresco con un abanico de paja.*)

Anamú: Mamá, por favor, ve y échale un ojo a la masa. Creo que me quedó demasiado monga. Y fíjate en la cantidad. Me parece poca. No sé si dará para cincuenta. De una vez pruébala de sal, quizás esté algo sosa.

Geno: Ay, m'ija, me acabo de sentar…

Anamú: Bueno… cuando puedas…

Geno: Cualquiera diría que es la primera vez que haces pasteles.

Anamú: Es que estos pasteles me dan mala espina. No sé si es buena idea aparecernos allá cargadas de pasteles congelados.

Geno: ¿Tú crees que a esos gringos de Nu Jamprish no les van a gustar los pasteles? Ahí, na' más que comen mitlof y papas salcochadas…

ANAMÚ: Mamá, no todos son de New Hampshire. Hay gente de todas partes.

GENO: Bueno, si los gringos no los quieren, Milagritos se los come sola. Siempre le gustaron mucho los pasteles. Aunque últimamente le ha cogido un no sé qué a los tostones. La última vez que estuvo aquí estaba muy miquistiqui con la comida y no sé qué embelecos vegetarianos. ¡Como si los plátanos no fueran vegetales!

ANAMÚ: Mamá, es que a ella nunca le ha gustado el mofongo de desayuno.

GENO: Anamú, estás exagerando. ¿Cuándo he servido mofongo de desayuno?

ANAMÚ: Bueno, casi…

GENO: Lo que pasa es que tú no quieres aceptar que Milagritos ha cambiado un montón desde que está en ese college de blanquitos… (*Se oyen voces de la calle.*)

PEPE EL INDIO: (*De afuera.*) Rubén, Rubén, ¡no dejes que te maten los búfalos!

RUBÉN: (*De afuera.*) Don't worry, Chief, los tengo bien cercaos.

ANAMÚ: Ya está Pepe el Indio con su cantaleta. Horita entra a pedir chavos para el lunch. Lo tienes mal acostumbrado.

GENO: Es un pobre infeliz, Anamú. No tiene ni dónde dormir.

ANAMÚ: Es un borracho, mamá. El dinero que le das para comer va y se lo bebe en cerveza.

GENO: Por lo menos no se lo gasta en drogas.

RUBÉN: (*Entra* RUBÉN *vestido de pelotero, bate en mano. El uniforme es de colores muy escandalosos. En la espalda dice "Leones del Barrio".*) Buenas por aquí, doñas. ¿Qué se cuenta?

ANAMÚ: Qué tal, hijo…

GENO: (*Tapándose los ojos con el abanico.*) ¡Alabao, Rubén! ¡Ese uniforme da mareo!

RUBÉN: (*Se siente incómodo en el uniforme.*) Bueno… a caballo regalao no se le miran los dientes… José, el dueño del restaurant "La Bella Boricua" donó los uniformes. Yo le dije que se iban a burlar de nosotros, pero él dice que y que es para "confundir" al equipo contrario.

GENO: Será para confundirlos con náusea.

RUBÉN: Lo malo es que a "Los Bueyes del Bronx" no hay náusea que los maree. Pero, anyway, Doña Geno, para estar seguro déme acá una esencia de "Amansaguapo".

ANAMÚ: Ojalá que funcione. La última vez le dieron las nueve donas.

RUBÉN: (GENO *le da una botellita.*) Gracias, Doña Geno. Me lo apunta. (RUBÉN *la abre y la derrama sobre el bate.*)

Geno: No te preocupes, m'ijo. Voy a chequear la masa (*Señalando el uniforme.*) y a descansar mis ojos de esos colorines. (Geno *sale.*)
Rubén: (*A* Anamú.) ¿Masa, dijo? ¿Por casualidad será masa para hacer los famosos y únicos pasteles de Doña Geno Domínguez, la Emperatriz del Pastel Puertorriqueño? (*Se relame.*)
Anamú: No te hagas la boca agua, Rubén. Los estoy haciendo yo. Mamá no se siente muy bien estos días. Además, son para la graduación de Milagros.
Rubén: ¿Ya se sabe la fecha?
Anamú: No, estamos esperando su llamada. Quedó en avisarnos. Creo que es el otro fin de semana. Los vamos a congelar para tenerlos ready. Cincuenta pasteles no se hacen en un día.
Rubén: ¿Y Mila sabe que van a llevar pasteles a la graduación?
Anamú: No, es una sorpresa.
Rubén: Una sorpresa, sí… ¿Quién lo iba a pensar, eh? Milagritos graduada en Business Administration. Lo digo, lo oigo y no lo creo.
Geno: (*Entra de atrás, caldero y cuchara en mano.*) Anamú, a esta masa no la salva ni un mila…

En ese momento se abre la puerta de la calla y entra Millie *cargada de paquetes y arrastrando una maleta.*

Rubén: ¡Mila!
Anamú: ¡Milagros!
Geno: ¡Milagritos!
Anamú: M'ija, pero… (*Todos tratan de hablar a la vez, rodeándola y abrazándola.*)
Rubén: ¿Pero, qué tú haces aquí?
Anamú: … ¿y la graduación?
Geno: ¿Te pasa algo? ¿Por qué no llamastes?
Anamú: ¿Cómo que no avisaste que venías?
Rubén: What happened?
Geno: ¿Te graduaste?
Anamú: (*Confundida, ansiosa.*) ¿Y qué vamos a hacer con todos esos pasteles?
Millie: Cálmense, cálmense.
Anamú: No me digas que no te graduaste. Después de tanto esfuerzo…
Millie: Mami, sí me gradué. La graduación fue ayer. Mira la sortija… Y aquí está el diploma.
Geno: ¡Ayer! ¿Cómo es posible? ¿Y por qué no avisaste? Aquí tu mamá y yo estábamos preparadas para arrancar para allá…

ANAMÚ: Con cincuenta pasteles congelados… Bueno… todavía están sin congelar…
RUBÉN: Milagritos…
MILLIE: (*Corrigiéndolo.*) Millie.
RUBÉN: Millie… yo los iba a llevar en mi carro hasta allá arriba. Hasta un gabán me había comprado… y una corbata seria…
MILLIE: Mamá, abuela, Rubén… lo siento muchísimo… es que… hubo problemas y adelantaron la fecha… fue una ceremonia privada… fue poquísima gente… No hubo tiempo de avisar a nadie.
GENO: ¿Y es que en Nu Jamprish no hay teléfonos?
MILLIE: Es que con el nerviosismo y el apuro pensé que no quería que ustedes salieran corriendo para allá, así de un momento para otro. Además, no se perdieron nada del otro mundo. Fue aburridísimo todo.
ANAMÚ: ¡Nada del otro mundo! ¡Mi hija se gradúa de la universidad y eso no es nada del otro mundo! Yo que estaba preparada para sentirme tan orgullosa.
MILLIE *se siente obviamente incómoda y avergonzada. No sabe qué decir.* DOÑA GENO *la mira con ojos llenos de preguntas.* ANAMÚ *aparta la vista.* RUBÉN *se da cuenta del embarazo general. Tratando de salvar la situación.*
RUBÉN: Hey, people! Nos podemos sentir orgullosos aquí mismo. ¿No es verdad… Mila… digo, Millie? Vamos a celebrar la graduación aquí mismo. No tengo mi gabán nuevo, pero, ¡qué diablos, este uniforme es nuevo también! (*Saca el birrete que sobresale de una de las bolsas que Millie trae. Se lo pone a Millie*) A ver, el diploma… ¿dónde está?… Here it is! Man, are we proud of you or what! (*Agarra el diploma y lo enarbola como una espada.*) ¡A la carga, a hervir pasteles! *Salen. Apagón.*
Más tarde ese mismo día. Rubén y Millie están solos en la botánica.
RUBÉN: Entre tú y yo, Mila… Millie, los pasteles de tu mamá no son tan buenos como los de la abuela. Pero, fíjate, hoy me supieron de maravilla. Será por la ocasión… Tú casi ni los probaste.
MILLIE: Es que ya no como cerdo. Es un veneno para el cuerpo.
RUBÉN: No me vengas con esas. Si eso fuera verdad ya no quedaría un puertorriqueño vivo.
MILLIE: Tú te imaginas, ¡mamá y abuela llegando a mi graduación con cincuenta pasteles congelados!
RUBÉN: ¿Tú sabías que los iban a llevar?
MILLIE: No, pero me lo imaginaba. Yo las conozco. Cuando era chiquita íbamos a Orchard Beach en el subway. Todos los demás niños iban cargando sus juguetes, salvavidas, cubetas, palitas, toallas. Yo no. Yo iba cargando

shopping bags llenos de pasteles y arroz con gandules. Creo que por eso no me gusta la playa.

Rubén: ¿Es por eso que no quisiste que fueran a la graduación?

Millie: (*Evasiva.*) ¿Por qué dices eso? Claro que no, fue porque… no hubo tiempo… no se dio la oportunidad… I thought I'd explained all that.

Rubén: Has cambiado mucho, Milagros…

Millie: Millie. No me gusta que me llamen Milagros.

Rubén: Es un nombre muy bonito, ¿qué tiene de malo?

Millie: Es que en la universidad… cada vez que les explicaba lo que quería decir se reían: "Miracles, what kind of a name is that!" decían.

Rubén: ¿Y tú le hacías caso a esa pendejá?

Millie: Tú no entiendes, Rubén. No fue fácil, ¿sabes? Llegar, sola a un lugar donde no conoces a nadie. Yo no había salido del Barrio como quien dice. Y caer allí, en New Hampshire, en una universidad donde casi todo el mundo era tan diferente a mí. It wasn't easy, believe me. Tuve que bregar con muchas cosas. Lo del nombre fue una de las más fáciles. Milagros en el Barrio puede ser común y corriente. Miracles in New Hampshire… no way.

Rubén: Bueno, ya eso pasó. You're home now. Ahora estás aquí y tu familia está muy contenta—aunque no hayan podido ir a tu graduación.

Millie: ¿Nunca vas a olvidar eso?

Rubén: Es que tú no sabes lo entusiasmadas que estaban… estábamos.

Millie: Bueno, ya pasó. No quiero hablar más de eso. Lo que cuenta es el futuro.

Rubén: Eso sí. Doña Geno ya tiene sus años, y últimamente no se ha sentido bien…

Millie: ¿Cómo puede ser? ¿Con tantos remedios y milagros al alcance de su mano? Yo la veo muy saludable. Ella es muy fuerte. Siempre lo dice: "A esta ceiba no hay rayo que la parta".

Rubén: Con tu preparación, serás una gran ayuda para tu abuela y tu mamá en la botánica.

Millie: Rubén, if you think I got a degree in business administration to run a botánica, you're out of your mind. Yo tengo otros planes.

Rubén: ¿Por ejemplo?

Millie: Por ejemplo: vicepresidente del Chase Manhattan Bank— International Department.

Rubén: ¡Vaya, nena! Si vas a empezar por allá arriba, ¿por qué no presidente?

Millie: En un par de años. Ya verás. El caso es que ya tengo trabajo. Ellos fueron a reclutar al campus y me entrevistaron.
Rubén: ¿Tu familia sabe eso?
Millie: Mamá lo sabe, pero todavía no hemos encontrado el momento… oportuno para decírselo a abuela.
Rubén: Good luck! Doña Geno piensa que te vas a quedar aquí. Yo también pensaba lo mismo.
Millie: Pues no, en cuanto empiece a trabajar me voy a mudar downtown. Quiero mi propio apartamento.
Rubén: Ahora sí que me convencí.
Millie: ¿De qué?
Rubén: De que se te cayó un tornillo por allá arriba. Hasta los gringos andan locos buscando apartamentos por aquí y tú, teniendo uno gratis aquí arriba, te vas a ir downtown a pagar por lo menos mil dólares de renta.
Millie: ¿Qué apartamento?
Rubén: El de Doña Fela. Se retira y se va para Puerto Rico. Tu abuela no lo va rentar para dártelo. ¿No lo sabías?
Millie: No me ha dicho nada.
Rubén: La comunicación familiar aquí es de primera.
Millie: Será otra "sorpresa" que me tiene preparada… Pero yo no puedo aceptar eso. A ella le hace falta la renta para el mortgage. Esta casa no está pagá todavía.
Rubén: Eso no es problema. Tú le pagas la misma renta que Doña Fela y ya está. Mira, el apartamento está bien chulo. Yo le puse pisos nuevos de madera, nada de carpeta. Se lo dije a Doña Geno, "a Milagros no le gusta este linóleo del cinco y diez. She likes the real things: parquet floors…" Costó un fracatán, pero quedó por la maceta. Muchacha, ¡Doña Fela casi cambia de idea!
Millie: Rubén, yo no quiero vivir aquí. No voy a vivir aquí. Yo tengo mis propios planes. Quiero algo diferente. Quiero salir de todo esto, olvidarme del olor a plátano frito y a Agua de Florida. I hate this business. Siempre he querido escaparme de aquí, del incienso, del alcanfor, de los despojos y los santos, de la gente buscándole soluciones fáciles a los problemas de la vida, de mi abuela, manejándole la vida a todo el mundo, como una reina en su palacio de colesterol y pachulí. Yo habré nacido en el ghetto pero no tengo que vivir en él.
Rubén: Pero es que… mira… muchos profesionales hispanos se están mudando pa'cá otra vez… ayudando a…

MILLIE: No me interesa eso. No soy una social worker. Allá afuera hay un mundo más grande y yo quiero ser parte de él, para eso me he preparado. No quiero ser como tú, soñando con dar jonrones en el Yankee Stadium y conformarse con fly balls en el Parque Central. (RUBÉN *se quita la gorra y baja la cabeza. Pausa.*) I'm sorry, Rubén. Perdóname, pero es que desde que llegué me siento presionada por todos. Todo el mundo tiene planes para mí. Me tienen la vida planificada sin contar conmigo. It is MY life, you know.

RUBÉN: I know. Lo que pasa es que yo siempre he pensado que uno estudia y adelanta en la vida para superarse, para ser una MEJOR persona, no para convertirse en OTRA persona. (RUBÉN *sale tirando la puerta.*)

MILLIE: Rubén, wait…!

GENO: (*Entrando de atrás.*) ¿Ya están peleando? Tú, siempre tan incordia. Espero que no le hayas salido con uno de tus desaires. Ese muchacho lleva esperando por ti toda una vida.

MILLIE: No sé por qué. Yo nunca le he dado motivo para que espere. Siempre ha sido y será un amigo de mi niñez, casi un hermano. Eso es todo.

GENO: (*Toma el shopping bag donde guarda sus cuentas y busca entre los papeles.*) Hasta un día. A todo le llega su momento.

MILLIE: ¿Qué buscas abuela?

GENO: Algo que te quiero enseñar. Una sorpresa.

MILLIE: (*A sí misma.*) No sé si resisto una sorpresa más. (MILLIE *coge varios de los pedazos de papeles que* GENO *ha sacado de la bolsa. Leyendo.*) "Paco: pasote, mejorana, tártago." (*Coge otro papel y lee.*) "Julia: bálsamo tranquilo, rompezaragüey." (*Coge otro papel y lee.*) "Dr. Martínez: sal pa'fuera, polvos voladores, collares, Eleguá de seis pulgadas…" ¿Qué es esto, abuela?

GENO: Las cuentas.

MILLIE: Ya sé que son las cuentas. La última vez que estuve aquí te compré un file cabinet y un ledger, te organicé todos los papeles: cuentas a cobrar, cuentas a pagar… pero veo que sigues con el mismo sistema.

GENO: Aquel sistema no resultó. La gente se asustaba cuando veían lo que me debían. Este sistema es mejor. Yo meto la mano en la bolsa, saco un papelito y les digo una cantidad que yo sé que pueden pagar. Me la pagan, hacen otra compra y se van felices.

MILLIE: Que dirían de este sistema de lotería en la Harvard Business School… (MILLIE *coge otro papel. Es una carta. La lee.* GENO *sigue buscando. Entusiasmada.*) Creo que encontré lo que buscabas. ¡Esta es una buena sorpresa!

GENO: ¿Qué es eso?

Millie: Una carta del Ahabi Realty Company. Te quieren comprar el building. Te ofrecen un buen precio… bueno, comparado con lo que te costó…

Geno: No pienso vender la casa. Ni a ese precio, que es un robo, ni a ninguno.

Millie: Pero, ¿por qué abuela? Con ese dinero acabas de pagar el mortgage y te compras una casa en Guayama…

Geno: ¿Qué voy a hacer yo en Guayama? Yo no estoy lista para el retiro, y además, allí tengo mucha competencia.

Millie: Bueno, pues en otro sitio. Al lado de la playa… (Millie *dobla la carta y se la guarda en un bolsillo.*)

Geno: (*Saca otro shopping bag de debajo del mostrador y continúa buscando.*) No sé, Milagritos, después de cuarenta años aquí en este revolú de ciudad, creo que me aburriría allá sin nada que hacer. Por el momento, esta ceiba está aquí plantá. Además, no puedo dejarte sola a cargo de la botánica, así de pronto. Tienes mucho que aprender.

Millie: Abuela, de eso quería hablarte…

Geno: ¡Ah, mírala aquí! (*Saca una revista de la bolsa.*) La tuve que esconder de tu mamá.

Millie: ¿Qué es?

Geno: (*Se sienta en su trono.*) Un reportaje sobre tu papá que salió en la revista "Réplica"… deja que tú veas esto… (*Pasa las páginas hasta que encuentra la que busca.*) Mira: "Comerciante del Año en Miami—Empresario cubano se hace millonario con línea de productos espirituales". (*Le da la revista a* Millie.) ¿Qué te parece? Un hombre que hace unos años no sabía la diferencia entre el mastuerzo y la yerba buena. Todo lo que sabe lo aprendió de mí, aquí en la Botánica La Ceiba, Lexington y 113, El Barrio. Nueva York. Todo. Y ahora fuma tabacos… Fíjate en la medalla de oro que lleva, es del tamaño de una alcapurria. Esa se la compró con tó' los chavos que le he pagado por el Aerosol Siete Potencias…

Millie: ¡Abuela, no me gusta que hables así de papi!

Geno: Yo no sé por qué lo defiendes tanto… Tu mamá no lo sabe, pero yo hasta le hice un trabajito para que no se casara con él. Pero no resultó.

Millie: ¡Abuela, si no se hubieran casado yo no existiría!

Geno: Claro que sí. Anamú se hubiera casado con el otro novio que tenía, Henry Collazo. Un muchacho tan bueno…

Millie y Geno: … de las mejores familias de Guayama…

Geno: Anjá. La única diferencia es que hubieras sido cien por ciento puertorriqueña. Pero tu mamá, tan romántica ella, siempre ha creído ciegamente en aquello de "un pájaro las dos alas".

Millie: Pero abuela, si yo no tengo nada de cubana.
Geno: Nada, excepto las ínfulas.
Millie: Nunca lo soportaste, lo sé. Pero es mi padre. Y la verdad es que era muy cariñoso y muy simpático. No puedes negar que nos divertíamos mucho con él. Nos daba alegría.
Geno: Sí, el problema era que le daba "alegría" a demasiada gente. Sobre todo a otras mujeres. Y tu mamá se la quitó de un tirón. Desde que esa Marielita se la metió por los ojos a Ramiro y se lo llevó para Miami, tu mamá no es sombra de lo que era. A veces se olvida hasta de peinarse. Y mira que le he hecho trabajos especiales. Hasta preparé un baño de despojo especialmente para ella. Mira, hasta lleva su nombre: (*Le muestra una botellita.*) "Anamú Despojo Bath" …Hice riegos y sahumerios en su cuarto por un tubo y siete llaves. Pero se ha vuelto inmune a mis trabajos.
Millie: Ya se le pasará.
Geno: Van para ocho años, m'ija. A ver si ahora que tú estás aquí la sacas a pasear, la llevas a la peluquería. Ella es todavía una mujer joven y atractiva. Puede casarse otra vez. Hace tres años que no pasa de la calle 110. Ahora que te tenemos aquí con nosotras otra vez…
Millie: Abuela… escúchame, de eso quería hablarte… yo…
Anamú: (*Entra* Anamú *con los brazos llenos de sobres de manila.*) Mamá, ¿dónde te pongo este incienso Don Dinero?
Geno: Allí, en el lugar de siempre.
Anamú: (*Mira detrás del mostrador.*) ¡Pero mamá, si aquí hay tres cajas llenas! Me dijiste que no quedaban. Yo ordené cuatro cajas más. Tenemos incienso hasta el Día del Juicio Final.
Pepe: (*Entrando de la calle.*) Doña Geno, nos están matando los búfalos.
Geno: Y cómo.
Millie: (*Aparte a* Anamú.) ¿Mamá, quién es ese señor? ¿De qué habla?
Anamú: Es un borracho medio loco que ahora duerme por ahí por los edificios abandonados.
Pepe: (A Millie.) Joven, tiene que proteger sus bufalitos. Sin ellos no somos nada. A mí me los mataron todos y ya ve, no soy nada. Pero no se preocupe, aquí usted está bien protegida, sí señora, sí, porque aquí Doña Geno tiene su ceiba y esa no hay quien se la tumbe, ¿verdad, Doña Geno?
Geno: No hay rayo que la parta, chief.
Pepe: Pero los búfalos, eso es otra historia…
Millie: Pero, ¿qué búfalos son esos?

Pepe: Joven, usted ve eso allá afuera… ¿Lo ve? Bueno, pues to' esto aquí estaba antes lleno de búfalos. Y esos búfalos eran to' pa' nosotros…

Millie: ¿Búfalos? ¿En El Barrio?

Pepe: Jé, ¡que si qué! Ahí, por ahí mismito andaban… todo eso… lleno de búfalos, corriendo pa'rriba y corriendo pa'bajo, levantando polvo con las patas. Pero llegaron los blanquitos y pum pum pum, los mataron a to' y nos quedamos sin na'… y antes éramos, dueños de to'… de to'. ¿Verdad, Doña Geno? Ella sabe, ella sabe lo que yo digo, ¿verdad, Doña Geno, verdad?

Geno: Verdad.

Pepe: Pero Doña Geno tiene su ceiba—y a esa no hay quien la tumbe—no hay rayo que la parta.

Geno: (Doña Geno *le da un dólar.*) Aquí tiene, chief. Vaya y tómese una sopa caliente.

Pepe: (Pepe *coge el dólar y trata de metérselo en un bolsillo que no encuentra.*) Gracias Doña Geno, gracias. (A Millie, *saliendo.*) Joven, no deje que le maten sus búfalos, no deje que le pase lo que a mí. Que no se le olvide, niña, que no se le olvide… (Pepe *sale.*)

Millie: Pero, ¿quién es ese hombre?

Anamú: (*Va a contestar cuando ve la revista que* Geno *tiene en las manos.* Geno *trata de esconderla. Sumamente alterada.*) Pero, ¿qué haces aquí? ¡Yo quemé esa revista hace un mes! ¡Eché cenizas en un coco y lo tiré del ferry de Staten Island!

Geno: ¡Ay, bendito, m'ija! ¿Por qué no me lo dijiste? Como no la encontré fui y compré otra. La tenía guardada para enseñársela a Millie. Sin saber, te eché a perder el fufú. Pero, no te preocupes, yo arreglo esto, tú verás. Le voy a hacer mi "contra-burundanga special" ahora mismo. (*Escoge esencias y yerbas que va poniendo sobre el mostrador.*)

Millie: Dejen a mi papá tranquilo. Acuérdate, abuela, que tú misma lo has dicho: "los cubanos tienen muy buenas relaciones con sus santos—tienen pala con los espíritus".

Geno: Sí, es verdad. Pero a esta ceiba… (*Se da en el pecho.*) no hay quien la tumbe… (Geno *hace un gesto de molestar.*)

Anamú: Mamá, ¿qué te pasa?

Geno: Nada… parece algo me cayó mal…

Millie: Seguro que fueron las morcillas, esos petardos de colesterol… Tómate un Alka Seltzer…

Geno: Qué Alka-Seltzer, ni qué nada… Un buen cocimiento de…

Anamú: Eso mismo. Ven, mamá, que te lo voy a hacer… Millie… atiende la botánica un momento. (Geno y Anamú *salen*.)

Millie: (*Saca la carta de Ahabi Realty del bolsillo. Va al teléfono y marca un número. En el teléfono*.) Hello, Ahabi Realty? Yes… I'm calling for Mrs. Genoveva Domínguez. It is about Mr. Ahabi's letter. Yes… We are interested in his offer to buy the building… 113th Street, that's the one. I'd like to make an appointment with Mr. Ahabi to discuss the matter… Next Tuesday is okay… thank you. (Millie *cuelga. Devuelve la carta al bolsillo.*)

Carmen: (*Entra de la calle*.) Buenas tardes… ¡Ay, pero si mira quién es! Milagrito, ¿cómo tú estás?

Millie: Muy bien, gracias, Carmen.

Carmen: ¿Qué tal quedó la graduación? Doña Geno y Anamú no hacían más que hablar de eso. Me imagino que estarían como dos pavos reales en esa graduación. (*Mira a su alrededor*.) ¿Y Doña Geno, por dónde anda?

Millie: Doña Geno está descansando.

Carmen: ¿Descansando? ¡Ay, bendito, espero que no esté enferma!

Millie: Parece que tiene indigestión.

Carmen: ¡Ay, la pobre! Le voy a encender una vela y a rezarle la oración que ella me dio cuando mi mamá se operó de la vesícula.

Millie: No es para tanto. Fueron las morcillas que se comió. Pero, gracias de todos modos.

Carmen: No hay de que, m'ija. Doña Geno me ha ayudado mucho en momentos difíciles. Mira, ahora mismo necesito de sus consejos—pero, bueno, vendré mañana…

Millie: ¿Qué te pasa?

Carmen: No sé. Nada me va bien. Quiero cambiar mi vida. Mi novio me dejó. Es el tercero este año. Necesito una receta espiritual, algún riego diferente, una limpieza nueva. ¿Qué tú crees?

Millie: Yo te aconsejaría que vayas a la escuela por la noche, aprendas inglés, te consigas otro trabajo. También cómprate ropa nueva. Y cámbiate el peinado. Eso siempre ayuda.

Carmen: ¡Ay, pero es mucho trabajo! Yo no tengo tiempo para esas cosas. Ni dinero.

Millie: Cambiar de vida siempre cuesta.

Carmen: (*Alicaída, decepcionada con los consejos.*) No sé. Necesito algo más. Mejor vengo mañana… cuando esté Doña Geno.

Millie: Bueno… mira, tal vez puedas ir haciendo algo mientras tanto. Aquí tengo un libro… (*Saca una libreta de detrás del mostrador.*) Vamos a ver…

(*Ojea la libreta*). A ver… recetas espirituales para la suerte… para el trabajo… para conseguir hombres… anjá, éste es… (*Lee en voz alta.*) "Se hierven siete ramitos de yerba buena, se le agrega miel, ron y el contenido del baño-despojo 'Suerte Rápida', un pedazo del… pantie que esté usando el día que realice este trabajo, se deja enfriar el agua y luego se coloca frente a la imagen de Yemayá, y se le enciende una vela amarilla. Se tiene una noche, y al otro día, moje con esa agua la suela de sus zapatos, y limpie la entrada de la casa con el resto, pronunciando estas palabras: 'Que por esta puerta entre el hombre que me haga feliz'. Hágalo tres viernes seguidos…"

CARMEN: ¡Ay, ésa creo que no fallará!

MILLIE: Espera, hay más… (*Pretende leer.*) "Vaya a la peluquería y cámbiese el peinado. Rece tres Padres Nuestros y cómprese un vestido nuevo—amarillo. Mejore su apariencia y su vida. Vaya a la escuela por la noche y aprenda inglés".

CARMEN: ¿Ahí dice eso? Deja ver… (*Trata de coger la libreta. Millie la retira.*)

MILLIE: No te lo puedo enseñar. Este es el libro secreto y sagrado de recetas de la abuela y ella no se lo enseña a nadie.

CARMEN: Bueno… me parece algo raro eso del final.

MILLIE: Es que son recetas modernas.

CARMEN: Ya decía yo. Está bien. Voy a probar. Gracias, Milagritos. Y ya sabes, estoy rezando por Doña Geno.

MILLIE: Bueno… gracias… y buena suerte.

CARMEN: Adiós, m'ijita.

CARMEN *sale. Entra* ANAMÚ *cargando dos enormes figuras de santos. Una es de Santa Bárbara, la otra de San Lázaro. Las pone en uno de los estantes.*

MILLIE: ¿Y abuela?

ANAMÚ: (*Preocupada.*) Está echando una siesta

MILLIE: Qué bueno…

ANAMÚ: Yo no le veo nada de bueno. A mí me huele mal.

MILLIE: ¿Por qué?

ANAMÚ: Tu abuela jamás en su vida ha dormido la siesta.

MILLIE: Pues ya era hora.

ANAMÚ: Nena, ponle las etiquetas con el precio a estos santos, por favor. Mira, están ahí…

MILLIE: ¿A cómo son?

ANAMÚ: $79.95

MILLIE: ¿No están un poco caros?

ANAMÚ: Eso es casi lo que cuestan. (MILLIE *escribe las etiquetas y se las pega a la base de los santos.* ANAMÚ *la mira.*) Estoy preocupada por mamá.
MILLIE: Abuela es una mujer muy fuerte, pero tiene que tener cuidado con lo que come.
ANAMÚ: No estoy segura que sea indigestión… Me preocupa, porque, tú sabes… su corazón… Ya no late al mismo ritmo que antes.
MILLIE: Es natural, a esa edad ya nada funciona igual que antes—a todos nos pasará…
ANAMÚ: Ay, si ocurriera un milagro…
MILLIE: Lo que abuela tiene que hacer es ir al médico y hacerse un buen chequeo.
ANAMÚ: No, lo que hace falta es un milagro… que tú cambies de idea y no cojas ese trabajo en el banco y te quedes aquí con nosotras.
MILLIE: Mamá, no voy a cambiar de planes. Ya te lo he dicho de todas las maneras posibles. No hay que hablar más de eso. Yo empiezo a trabajar en el banco en dos semanas—and that's that.
ANAMÚ: Yo no sé cómo decírselo a mamá… ¿Y si se enferma…?
MILLIE: Nada, vendemos la casa. Te mudas a Guayama. Allí está toda la familia. Ya hay alguien interesado en comprar el edificio.
ANAMÚ: Pero, qué voy a hacer yo, una mujer sola, sin marido…
MILLIE: Aquí siempre nos la hemos arreglado muy bien sin hombres. Ellos han entrado y han salido de nuestras vidas. Eso es todo. Abuela desde que se quedó viuda tan joven, siempre se las arregló muy bien sola. Te crió a ti y me crió a mí—y cuando mi padre se largó…
ANAMÚ: Eso sí… nos las hemos arreglado solas, y ¡nunca hemos vivido del welfare! ¡Muy duro que trabajamos!
MILLIE: Pues debías entenderme mejor.
ANAMÚ: Si te entiendo, m'ijita, pero yo no soy como tú… tengo miedo… Mamá siempre ha sido como esa ceiba de la que tanto habla. Cobijándome en su sombra, protegiéndome de los rayos que manda la vida…
MILLIE: Pero tú fuiste joven como yo. ¿Nunca quisiste ser tu propia ceiba?
ANAMÚ: Nunca se me ocurrió. Cuando conocí a tu padre, él también andaba en busca de protección y abrigo. Y aquí lo encontró… Pero antes, sí. Cuando estaba en high school… yo pensaba… yo soñaba con—te vas a reír… nunca se lo he contado a nadie—pero yo quería ser cantante.
MILLIE: ¡Mamá! ¡Tú, cantante! ¡Nunca me lo hubiera imaginado!
ANAMÚ: Estaba en el coro de la escuela. Todo el mundo me decía que tenía una voz tan linda…

MILLIE: Pero… si yo nunca te he oído cantar…
ANAMÚ: Sí, me has oído.
MILLIE: ¿Cuándo?
ANAMÚ: Cuando eras una bebita.
MILLIE: Ah, eso no cuenta. Cántame algo ahora…
ANAMÚ: ¿Aquí? ¡Estás loca! Para que mamá venga y…
MILLIE: Anda, sí, un pedacito… Ella no te va a oír.
ANAMÚ: No, no…
MILLIE: Dale, mamá.
ANAMÚ: (ANAMÚ *canta. A mitad de la canción se oyen ruidos de la casa.* ANAMÚ *deja de cantar súbitamente. Entra* GENO.) Mamá, ¿qué haces aquí? Quedamos en que te ibas a quedar descansando…
GENO: Ya descansaré bastante cuando me muera. No fue más que un mareo. Ahora tengo mucho que hacer. Tengo que enseñarle a Millie los remedios y las recetas…
ANAMÚ *y* MILLIE *intercambian una mirada.* MILLIE *le hace señas a* ANAMÚ *que le hable a la abuela.* ANAMÚ *niega con la cabeza. Le hace señas a* MILLIE *que lo haga ella.* MILLIE *se niega.* ANAMÚ *le da un codazo. Mientras,* GENO *busca y trastea detrás del mostrador y en los anaqueles.*
MILLIE: Abuela… tenemos que… hablar sobre… (*suena el teléfono.* MILLIE *lo contesta rápidamente. La salvó la campana.*) ¿Hello?… Sí, es la Botánica La Ceiba… Millie… Milagros… Bien, gracias… No, la graduación fue ayer… Sí… No… Un momento. (*Tapa el auricular con la mano.*) Abuela, es Gloria la peluquera. Quiere hablar contigo.
GENO: Pregúntale qué quiere.
MILLIE: (*En el teléfono.*) Abuela está ocupada en este momento. Quiere saber qué pasa… (*Escucha.*) Anjá… anjá…Un momento. (*Tapa el teléfono. A Geno.*) Dice que anoche soñó con unos calzoncillos. Que qué quiere decir eso… Para mí es que necesita marido.
GENO: ¡Ay virgen! ¡Dile que venga para acá corriendo!
MILLIE: ¿Por qué?
GENO: Soñar con ropa interior significa infelicidad en el hogar y pérdida de dinero… pero no le digas eso. Dile que venga, y que juegue el 184.
MILLIE: (*En el teléfono.*) Gloria, dice abuela que pase por aquí en cuanto pueda. Y que juegue el 184. Pero, mire, yo le recomendaría que se leyera a Freud… F-R-E-U-D… Sí, pero se pronuncia "froid"… "La interpretación de los sueños"… No, abuela no tiene ese libro aquí… No, en la "Enciclopedia

de Walter" no lo explican. Bueno, dice que la falta de relaciones sexuales puede…

Geno: (*Arrancándole el teléfono de las manos a Millie. En el teléfono.*) Gloria, no le hagas caso. Pasa por aquí más tarde que te voy a dar un resguardo… Sí… Puedes hacer una limpieza… hoy es… sábado… bueno, pues coges agua fresca, siete perfumes distintos, siete monedas de a centavo, siete pétalos de una flor roja y el perfume Imán para la suerte… sí… y no te olvides, juega el 184… Okay. Hasta luego. (*Cuelga. A* Millie.) ¿Qué tú haces? Gloria es una santa mujer y tú hablándole de relaciones sexuales… ¿Es que te estás burlando de mis clientas?

Millie: ¡Ay, abuela, si Gloria es peluquera!

Geno: ¿Y eso qué tiene que ver?

Millie: ¿Tú has oído las conversaciones en las peluquerías? ¡Las cosas que se hablan allí! Y no me estoy burlando. Estoy siendo realista y científica. Gloria tiene 40 años, nunca ha tenido marido y sueña con calzoncillos. ¿Qué tú crees que esto significa? ¡Bellaquera del subconsciente! Qué otra cosa va a ser. ¡Estamos casi en el siglo 21 y tú todavía pretendes resolverle los problemas a la gente con yerbas, esencias y mumbo jumbo!

Anamú: ¡Milagros, no le hables así a tu abuela!

Geno: Gracias a ese "mumbo jumbo" fuiste a la universidad. ¿Por qué te crees tú que te ganaste esa beca?

Millie: ¡Porque estudié, me quemé las pestañas para sacar buenas notas y porque era la "spic" de turno para llevarme la beca! No me hago ilusiones, abuela. Yo brego con la realidad.

Geno: ¡Muchas oraciones y muchas velas a los santos y mucha fe, FE, Milagros! Gracias a eso te ganaste la beca. Gracias a eso hemos sobrevivido. Esta ceiba nos ha dado mucha sombra. Y mejor que cambies de actitud, porque así vas a espantar a los clientes. ¿De qué te sirve toda tu ciencia si no entiendes a la gente? Una botánica no es un negocio, es un *servicio*.

Millie: ¡No voy a espantar a ningún cliente, porque yo no voy a hacerme cargo de esta botánica!

Geno: ¡Qué!

Millie: Ya tengo un trabajo en un banco, que es donde está el único "espíritu" que cuenta en este mundo: ¡el dinero!

Anamú: Milagros, ¡basta ya! ¡Es un sacrilegio! ¡Estas son nuestras tradiciones…!

Millie: ¿Sacrilegio de qué, mamá? Tú nunca has creído en nada de esto, pero te dejaste atrapar por las "tradiciones"… ¡dejaste de cantar! ¡Estas son cosas

del pasado que no tienen nada que ver con el presente! (Millie *extiende un brazo y, sin querer, tira al piso varias imágenes y frascos.*)
Geno: (*Llevándose las manos al pecho.*) ¡Santos y santas, espíritus y potencias, no la oigan, no la escuchen! ¡No hagan caso de lo que dice! ¡Ella sí cree! ¡Lo que pasa es que se le olvidó, pero cree…! (Geno *cae derrumbada sobre el mostrador.* Millie y Anamú *corren hacia ella.*)
Anamú: ¡Mamá!
Millie: ¡Abuela!
Geno: La graduación… la graduación… (*Pierde el sentido.*)
Millie: Abuela…
Apagón.

II

Varios días más tarde. Millie *está sola en la botánica. De una bolsa de papel saca un croissant y un café en taza de cartón. Abre el café y bebe un sorbo. Entra* Pepe el Indio *calladamente. La observa.*
Pepe: La ceiba se está tambaleando, ¿verdad, niña?
Millie: (*Sobresaltada.*) ¡Me asustó! No lo vi entrar…
Pepe: Yo me acuerdo cuando vi el primer búfalo caer muerto a mis pies…
Millie: No tengo dinero que darle. No se ha vendido nada hoy.
Pepe: No vine a buscar dinero, niña. Vine a preguntar por Doña Geno.
Millie: Sigue igual. Pero hoy le van a cambiar el tratamiento. Yo creo que se va a mejorar pronto…
Pepe: Ah, eso es importante, que usted *crea* que se va a mejorar… (*Saca una botella de ron y bebe*). Sí, hay que creer, aunque sea difícil. Mire, cuando empezaron a matarme los búfalos me quedé sin nada en qué creer… ahora… (*Levanta la botella, toma otro trago. Se limpia la boca con la mano.*) Pa' mi es muy tarde… Lo primero que hay que hacer es no dejar que le maten los búfalos… Acuérdese de eso, niña… acuérdese.
Millie *le da la espalda para buscar su cartera. Saca un dólar. Cuando se voltea, billete en mano,* Pepe el Indio *ya no está.* Millie *mira a su alrededor, buscándolo. FOCO sobre una estatua de indio.* Millie *se queda observándolo.*
Rubén: (*Entra* Rubén.) Hola.
Millie: Hola.
Rubén: Me encontré con Anamú en el subway. Me contó que llamaron del hospital y que iba a firmar unos papeles…
Millie: Sí, a abuela le van a cambiar el tratamiento, y necesitan autorización…

Rubén: ¿Qué tú crees?

Millie: No sé, Rubén, no sé. No sé qué va a pasar. Estoy muy confundida…

Rubén: There's nothing to be confused about…

Millie: A veces me siento culpable de lo que pasó, por decirle las cosas a mi abuela, así de cantazo. Y por lo de la graduación… lo último que dijo fue, "la graduación"…casi sonó como una acusación… (*Para sí.*) Si ella supiera…

Rubén: Te estás imaginando cosas, Millie. Doña Geno no…

Millie: Otras veces pienso que mi abuela está tratando de crear su propio milagro, estando a punto de morirse para hacer que yo cambie de planes y me quede a cargo de la botánica…

Rubén: Milagros, ¿cómo puedes pensar eso?

Millie: Tú no conoces a mi abuela como yo.

Rubén: Pero éste no es el momento de pensar esas cosas.

Millie: ¿Y cuál es el momento?

Rubén: Si quieres empezar otra pelea, I'm not in the mood. Anyway, vine a otra cosa.

Millie: No es una pelea, es una discusión. Me siento que estoy en el medio de una conspiración, que soy víctima de una manipulación emocional y sicológica… Hasta me parece que los santos me miran mal. ¡Y ese indio parece que me va a tirar el hacha!

Rubén: ¿Pepe?

Millie: No. Ese. (*Señala la estatua de un indio de hacha en mano.*)

Rubén: Millie, no sé de qué conspiración hablas. Yo lo que creo es que tú…

Millie: No logro hacerles entender que yo no soy parte de esto. Estas imágenes, estas creencias, han sido parte del equipaje de otras generaciones… del África al Caribe, del Caribe a Nueva York… pero yo soy de aquí, yo nací aquí. Esto no es parte de mi equipaje… you know what I mean. Tú naciste aquí también. ¿Tú entiendes lo que yo digo?

Rubén: No sé… Yo veo las cosas de otra manera… Mira, no sé si te lo puedo explicar, si tengo las palabras. Yo no fui a una universidad tan fancy como la tuya. Yo nada más me gradué de Hostos College… en el Bronx.

Millie: ¿Tú también me echas en cara mi educación?

Rubén: (*Tentativo, escogiendo cuidadosamente las palabras.*) No, no es eso… no sé… ¿Qué quiere decir "ser de aquí"? … Pues… pa' mi "ser de aquí" es… pues… es mango y strawberries… alcapurrias y pretzels… Yemayá y los Yankees…Yo no veo la diferencia. What's the big deal? Eso es lo que somos: Brunch y burundanga, quiche y arroz con habichuelas, Chase Manhattan y la bolita… Todo depende de cómo empaques tu equipaje. Pero todo es parte de él. Todo es la misma cosa… You see, I decide what it means to be from here, porque allá afuera hay muchos que piensan que aunque hayas nacido aquí y te cambies el nombre a Joe o Millie, they think you're not from here anyway. De aquí, de allá… qué sé yo… No hay por qué dejarlo todo atrás… no hay que dejar que nos maten los búfalos…

MILLIE: (*Pausa. Trata de absorber la explicación de Rubén.*) Dale con los búfalos.

RUBÉN: Ahí donde tú ves, Pepe el Indio es un hombre muy leído. El dice eso porque leyó que los indios americanos perdieron no sólo sus tierras, sino también su cultura e identidad cuando el hombre blanco les mató los búfalos.

MILLIE: Pero si no somos indios…

RUBÉN: El dice que cuando dejamos que nos maten las cosas que más nos importan, no somos más que tribus encerradas en reservaciones.

MILLIE: (*Mirándolo inquisitivamente.*) Todo eso no lo aprendiste en Hostos, ¿eh?

RUBÉN: Pues, sí. (*Pausa silenciosa.*)

MILLIE: Rubén…

RUBÉN: ¿Sí?

MILLIE: Gracias.

RUBÉN: ¿Por qué?

MILLIE: Por… no sé, por hablarme así. Ha sido un descanso no tener que estar a la defensiva.

RUBÉN: (*Le toma una mano.*) You don't have to be.

MILLIE: (*Retirando la mano.*) Maybe.

RUBÉN: (*Cambiando el tema.*) Bueno… ¿por qué no vienes al meeting?

MILLIE: ¿Qué meeting?

RUBÉN: ¡Pero qué sonso, si no te lo he dicho! Es una reunión de vecinos que organizamos donde yo trabajo. Pensé que te haría bien poner tu mente en otra cosa.

MILLIE: ¿Para qué es la reunión?

RUBÉN: Hay unos especuladores que quieren comprar los buildings por aquí… ofreciendo una miseria. Lo que no dicen en los planes que tienen. En cuanto los compran botan a los inquilinos. Gentrification is coming to El Barrio, Mila.

MILLIE: Rubén, ahora no tengo mi cabeza para eso. La venta hay que pensarla bien. Hay que hacer un buen negocio. Pero ahora no estoy para eso. Tengo que pensar.

Rubén: ¿Quieres decir que también le quieren comprar a Doña Geno? Tú no estás pensando vender…

Millie: Sí. Hablé con Ahabi, pero abuela no quiere ni hablar de eso. Ese es un asunto que tengo que resolver luego. Tengo muchas cosas que resolver.

Rubén: ¿Que si cómo?

Millie: Creo que voy a cerrar ya. Casi no ha venido nadie. Todo el mundo quiere los consejos de Doña Geno. No sé qué hago aquí, yo no sirvo para este negocio.

Rubén: Es que esto no se aprende de un día para otro. Recuerda lo que decía… dice… Doña Geno…

Rubén y Millie: "Hay que aprender a freír despacio".

Rubén: Hasta mañana, Milagros. Si me necesitas… llámame.

Millie: Hasta mañana.

Rubén *sale.* Millie *cierra la puerta detrás de él. Se queda pensativa unos segundos. Apaga algunas luces. Recoge algunos papeles que hay sobre el mostrador. Coge el croissant y le da una mordida. No sabe dónde poner los papeles. Mira a su alrededor, ve el shopping-archivo de la abuela. Se sonríe y echa los papeles dentro de la bolsa. Le da otra mordida al croissant. Mira a su alrededor. Se detiene frente al grabado la de la ceiba. Se queda pensativa.*

Geno: (*Voice over.*) … cuando el diluvio universal la ceiba fue el único árbol que las aguas no cubrieron. Todos los animales y la gente que se refugiaron bajo la ceiba lograron sobrevivir y así fue que se volvió a poblar el planeta… Al pie de la ceiba están enterrados los bilongos y los ebbós. Nunca debes cruzar su sombra sin pedir permiso. La ceiba es nuestra yaya, Milagritos, la madre de los espíritus. En africano se llama *Irokó* y también se llama *nkunia casa sami*, y se llama mamá *Ungundu* y se llama *Iggi-Olorún* y se llama…

Millie: (*Bajito.*) Yaya… (Millie *mira a su alrededor. Como la que no quiere la cosa, con disimulo enciende una vela. Cuando va a rallar el fósforo, algo le hace detenerse. Suelta los fósforos. Coge una botella de Agua de Florida y echa unas gotitas al piso. Echa unas gotas más. Luego esparce todo el contenido de la botella por la botánica.*) Maybe I'm not doing it right, but it can't hurt. (*Coge una botella de aerosol de la buena suerte y echa spray al aire. Mira las imágenes de los santos, trata de decir algo, pero no le sale. Se dirige a una imagen de Santa Bárbara.*) Excuse me… I… I've forgotten how to do this… I don't know what to say, but… Saint Barbara… I'll go straight to the point: please make my granma well. (*Luz sobre la imagen de* Santa Bárbara.)

Santa Bárbara: (*Voice over. Con acento cubano.*) No falla. Nada más que se acuerdan de mí cuando truena. Y mira, chiquitica, yo no spika inglis.

MILLIE: Perdón. No me di cuenta. Rogaba por mi abuela, para que se salve.
SANTA BÁRBARA: (*Voice over.*) M'ija, el que está a cargo de los enfermos es San Lázaro. El sí que es bilingüe.
MILLIE: Es verdad. No me acordaba. Gracias. (*Se para frente a San Lázaro. Luz en la imagen.*) No me acuerdo… but wait… a lo mejor me acuerdo… Babalú-ayé, ese eres tú… dueño del universo, salvador de todas las dolencias, dios de los que sufren enfermedades… Taíta cañeñe… Pan viejo te pondré detrás de la puerta… Se me olvidó que me olvidé… de tus dos perros y tus muletas… guía y fe de los enfermos… De ofrenda se te pone oro, de eso sí me acuerdo… oro a tus pies y pan viejo detrás de la puerta… (*Se quita el anillo de graduación y lo pone a los pies de la estatua.*) Que se ponga bien ya, San Lázaro. And make it quick, santo, please make it quick…
GENO: (*Voice over.*) Milagritos, eres muy impaciente. En la vida hay que aprender a freír despacio, si no, tu vida será una fuente de tostones achicharrados…
MILLIE: ¡Pero no hay tiempo, Yaya, no hay tiempo! ¡Santos, no hay tiempo!
SAN LÁZARO: (*Voice over.*) Hija, sólo soy un pobre viejo enfermo que hace milagros. Se hace lo que se puede, hija. We win one, we lose one. But we keep trying.
MILLIE: Win this one, will you. Win this one, please!
SAN LÁZARO: (*Voice over.*) Vamos a ver lo que se puede hacer, hija. Y a cambio, ¿qué me prometes?
MILLIE: ¿Prometer? No sé qué puedo prometer… ¡Ah, ya sé! ¡Tú también eres parte de la conspiración! Si piensas que voy a dejar mi trabajo en el banco y quedarme aquí, olvídalo. Ese diploma me costó lágrimas y sangre y no lo voy a desperdiciar. Además, no te pido que lo hagas por mí, sino por ella… Yaya… abuela. Ella les ha prometido todo. Y les ha dedicado toda su vida.
SAN LÁZARO: (*Voice over.*) Tienes que prometer algo. Business is business.
MILLIE: What do you mean "business is business"? Esto no es un negocio—we are talking miracles here… Okay?
SAN LÁZARO: (*Voice over.*) ¿Y tú crees que los milagros no cuestan?
MILLIE: I see, you want to play hardball, don't you? That's fine with me. I can play too. Look, I won't make you a promise, but I'll make you a deal—an offer you can't refuse.
SAN LÁZARO: (*Voice over.*) I'm listening.
MILLIE: (*Acercándose al santo.*) Yo, Milagros Castillo… I, Miracles Castle… have I got a deal for you!

Apagón.

Hay un cambio de escenografía.
En la oscuridad se oyen martillazos, muebles que se mueven de un lado a otro, comentarios de Rubén, Pepe el Indio, Millie, y Anamú. *Puede tener una iluminación irreal o empezar medio a oscuras y las luces pueden ir subiendo poco a poco. Entre las cosas que suceden vemos a* Rubén *encaramado en una escalera colgando un letrero sobre el dibujo de la ceiba. El letrero dice: "Ceiba Tree Herbs and Candles Boutique".* Millie *coloca una calculadora electrónica sobre el mostrador.* Pepe y Anamú *empujan un archivo de metal y lo colocan detrás del mostrador.* Millie *recoge los regueros y sacude el polvo, siempre chequeando lo que hacen los demás y dando órdenes. Cuando han terminado, todos se paran a contemplar lo que han hecho. Excepto* Millie, *nadie luce muy entusiasmado.* Millie *va y quita el trono de* Doña Geno *de debajo de la ceiba y lo pone hacia un lado. Vuelve a contemplar su obra con satisfacción.*

Millie: (*A los demás.*) ¿Qué les parece?

Apagón

Dos meses más tarde. Al subir las luces de nuevo, la botánica está vacía. Entra Doña Geno *de la casa con unas botellas de Despojo Bath en las manos. Las coloca en uno de los estantes. Ve la silla fuera de sitio. La coge y la vuelve a poner debajo de la ceiba. Entra* Luisa.

Luisa: ¡Doña Geno, no sabe la alegría que me da verla!

Geno: ¡Luisa, muchacha, tanto tiempo! (*Se abrazan.*)

Luisa: Ay, Doña Geno, ¡no sabe cómo recé por usted! Creíamos que se nos iba.

Geno: Qué va, m'ija. A esta ceiba no hay rayo que la parta.

Luisa: Se ve muy bien. ¿Cómo se siente?

Geno: De quince. Aquí hay Doña Geno para rato.

Luisa: (*Mirando a su alrededor.*) Y mire para allá, esta botánica está hecha un "boutique"…

Geno: (*Disimulando su disgusto por los cambios.*) Cosas de mi nieta… Pero, cuéntame de ti. ¿Cómo te van las cosas?

Luisa: ¿Vio cómo se me ha puesto el pelo Doña Geno? Esa sábila que me recomendó es una maravilla. Quiero llevarme un par de botellas más.

Geno: ¿Y Arturo, entró en cintura?

Luisa: Con él no tuvo ningún efecto la sábila. Se la di en cucharadas, en cápsulas, se la eché en el café, se la restregué por la cara… y otras partes del cuerpo… pero nada.

Geno: Puedo recomendarte otra cosa… o si quieres te hago una cita con el babalao de Paterson…

Luisa: Ay, ya no sé si vale la pena… me estoy cansando un poco.

Geno: No te des por vencida, m'ijita… mira, ¿por qué no pruebas las velas?… Enciendes seis velas, una blanca, dos velas astrales, una roja—con unas gotitas de Aceite Fuego de Amor, una amarilla y una púrpura… entonces haces esto que te voy a apuntar en este papelito… (*Arranca un pedazo de papel de estraza de una bolsa—se da cuenta de lo que hace.*) Ay, si Milagritos me ve… (*Bota el papel y saca una libreta grande y hace anotaciones y diagramas.*) Las mueves así por nueve días y nueve noches… (*Arranca la hoja y se la entrega.*)

Luisa: (*Sin mucho entusiasmo.*) Bueno, no pierdo nada con probar… déme las velas…

Luisa: (*Entra* Anamú *muy peinada y arreglada.*) ¡Anamú, te ves preciosa! ¿Qué te has hecho?

Anamú: Nada. Milagritos me arregló el pelo. Eso es todo.

Geno: ¿A dónde vas tan emperifollada?

Anamú: No sé.

Geno: ¿Cómo va a ser?

Anamú: Millie quiere que vaya a una exposición de cosméticos naturales en el Coliseum—a ver si veo algo que podamos vender aquí en la botánica…

Geno: A mí no me dijo nada de eso…

Anamú: Bueno… me voy… ni me acuerdo cómo llegar allá…

Luisa: ¡Ay, yo te digo! Me conozco Nueva York de rabo a cabo. Estoy hecha una verdadera neoyorquina. Ya llevo aquí tres años.

Anamú: (*Echándole una mirada.*) No te preocupes. Millie me dio un mapa.

Geno: De todas maneras, voy a encender una vela para que no te pierdas en el subway.

Anamú: Gracias, mamá. Hasta luego. (Anamú *sale hacia la calle.*)

Luisa: Anamú parece otra persona. Es increíble los cambios que se ven aquí, Doña Geno.

Geno: (*Sin mucho entusiasmo.*) Sí, desde que llegué del hospital las cosas van muy bien. Gracias a Dios, los santos y los espíritus.

Luisa: Me alegro mucho, Doña Geno. Usted se lo merece. Y ahora que Milagritos se mudó al apartamento de arriba, más contenta estará todavía.

Geno: Ella quería mudarse downtown, pero cuando vio las rentas que están pidiendo por un closesito, cogió pa'cá arriba a las millas de chaflán.

Luisa: Me imagino. ¿Ya es vicepresidente del banco?

Geno: Todavía… pero está muy contenta con lo que hace—así dice.

Luisa: No sabe cuánto me alegro. Bueno, Doña Geno, me voy. ¿Cuánto le debo?

Geno: Son cinco pesos, m'ija.

Luisa: No, no. Cuánto le debo en total... ¿Se acuerda el número que me dijo que jugara antes de irse al hospital? Me pegué. Así que le voy a pagar todo.

Geno: Qué bueno que puse una. Últimamente me estaban fallando los números. (*Abre la gaveta, busca entre los folders y saca una hoja.*) Aquí está... a ver... son... dame treinta pesos y estamos en paz.

Luisa: No, no, dígame lo que le debo de verdad.

Geno: (*Trata de sumar en la calculadora que está en el mostrador.*) Bueno... pues son... ¡ay, las cuentas no me salen en ese aparato!... (*Coge papel y lápiz, saca cuenta.*) Cuatro y ocho, doce, llevo una siete y seis más... Okay, son $63.60.

Luisa: ¿Está segura que no es más?

Geno: No, es eso nada más...

Luisa: Okay... (*Le paga.*) Aquí tiene, Doña Geno. Y gracias por todo. Hasta luego.

Geno: Aquí están tus velas. Hasta luego, m'ija. Que Dios te bendiga. (Geno *guarda el folder de nuevo en el archivo. Recoge otros papeles regados y los archiva. Coge un sacudidor de polvo y se lo pasa a los anaqueles. Arregla la mercancía. Sacude las imágenes. Mueve la estatua de San Lázaro para sacudir el estante. Se encuentra con la sortija de Millie. La mira extrañada, mira al santo interrogadoramente.*)

Millie: (*Entrando* Millie. *Se da cuenta que la abuela encontró la sortija.*) Hola, abuela. (*La besa.*)

Geno: Dios te bendiga, m'ijita. (*Pausa silenciosa.* Geno *mira la sortija, mira a* Millie. *Le enseña la sortija.*) Mira lo que me encontré.

Millie: No se me había perdido.

Geno: Entonces, ¿la dejaste de ofrenda? ¿Y el pan? ¿Pusiste pan viejo detrás de la puerta?

Millie: Más o menos... dejé la mitad de un croissant.

Geno: ¿Crusán?

Millie: Es un pan. Francés.

Geno: ¿De Francia?

Millie: Sí... no... lo compré en la 96...

Geno: Ah, bueno... entonces, esto quiere decir que hiciste una promesa.

Millie: (*Le quita la sortija de la mano a Geno. La pone detrás del santo.*) Nada de eso. Hice un trato. I made a deal with the santos.

Geno: ¿Un deal? M'ijita, con los santos no se negocia. Tú le das y ellos te dan.

Millie: Eso es un trato, isn't it, abuela?

Geno: No, no es lo mismo. ¿Quieres decir que si el santo no te cumple, lo llevas a la corte? ¿Le das un disposses?

Millie: No había pensado en eso.

Geno: Bueno, y ese trato, ¿Fue por mi?

Millie: Sí.

Geno: ¿Y para ti?

Millie: Para mí lo consigo yo con mis esfuerzos, con mis conocimientos y disciplina.

Geno: Mi niña, la vida no se puede vivir como un "business plan".

Millie: Abuela, tampoco se puede vivir de "milagros". (*Saca una botella de píldoras de la cartera. Se traga una.*)

Geno: ¿Qué te pasa? ¿Estás enferma?

Millie: Nada. Me duele un poco la cabeza.

Geno: Te voy a hacer un cocimiento de…

Millie: Abuela, no quiero cocimientos. Con esta pastilla se me va a quitar… (*Se da un leve masaje en las sienes.*)

Geno: Las yerbas son más saludables que esas cosas de botellas. Las yerbas son regalos de la Madre Natura. Mira, cuando el diluvio universal…

Millie: Abuela, no estoy para historias.

Geno: Ese es el problema. Hoy en día nadie quiere saber nada de historias. Los jóvenes no quieren saber nada de las yerbas, ni de los remedios… (*Se sienta en su trono debajo de la ceiba.*) Pero ya se darán cuenta cuando les falte. Porque al paso que vamos, la Madre Natura no dura mucho… con tanto veneno que echan al aire y a los ríos y al mar.

Millie: Cantaleta time.

Geno: Cantaleta time, sí. ¿Tú te crees que porque ordenaste un poco la botánica y pusiste ese letrerito ahí y metiste los papeles en un archivo estás pagando la promesa que les hiciste a los santos?

Millie: Yo no hice ninguna promesa. I made a deal. Si tú te curabas yo iba a contribuir a que la botánica funcionara con más eficiencia y…

Geno: Eso no es así. Uno no puede acordarse de Santa Bárbara nada más que cuando truena…

Millie: (*Para sí.*) That's what she said.

Geno: ¿Qué?

Millie: Nada, nada… (*Pausa.*) Si no te parece suficiente lo que he hecho… puedo hacer más. Podemos cambiar la estantería, el color de la pared… tú dirás…

Geno: Es que nada de eso es lo que yo esperaba…

MILLIE: ¿Y qué esperabas, abuela?

GENO: Yo esperaba enseñarte los secretos y los misterios, las maravillas de las plantas, las viejas historias y los ritos… para que no se pierdan… para que tus hijos y tus nietos las aprendan de ti como yo las aprendí de mi mamá, y ella de mi abuela, y abuela de su mamá y ella de su abuela y…

MILLIE: Vivimos en otros tiempos, abuela. Mi mundo no es el tuyo. Esto no es Guayama, ni África. Este tipo de cosa no tiene futuro. Hoy en día…

GENO: Claro que no tiene futuro si la gente joven no lo aprende… si no hay continuidad, si no se preservan los secretos y los misterios, si no se entierran las cosas valiosas al pie de la ceiba… (*Enciende una vela.*)

MILLIE: Abuela, pides demasiado de mí… Yo tengo que vivir en el mundo allá afuera—y quiero triunfar… estas cosas, estas… no son más que… a veces hay que renunciar… (*Casi sin darse cuenta, trata de apagar la vela con la palma de la mano. La vela no se apaga.* MILLIE *se mira la palma de la mano.*)

GENO: Y tú has decidido renunciar… yo no sé qué te hicieron en esa universidad, Milagritos, pero cambiaste. Eso de no invitarnos a la graduación… no sabes lo que me dolió… nunca lo entenderé…

MILLIE: (*Titubea brevemente, pero al fin se decide.*) La graduación… no las invité porque no tenía nada que celebrar. Ése sólo fue el día que me entregaron un diploma… Mi verdadera "graduación" fue mucho antes, abuela… el primer año de college. Esa fue mi prueba de fuego, abuela. (*Se mira la palma de la mano.*) Yo llegué allí a conquistar el mundo, a aprenderlo todo. Pero enseguida empezaron las pequeñas crueldades—burlas sobre mi ropa, sobre mi acento, sobre la música que me gustaba… sobre mi nombre… "Miracles, what kind of name is that?"… Yo no quería ser diferente, yo quería ser como las demás. Y me cambié el nombre a Millie y escondí mis discos de salsa. Y escondí los resguardos y los collares y los despojos que tú me enviabas—tus "survival kits". Un día mi compañera de cuarto encontró en el fondo del closet la caja donde yo había escondido todo aquello. La encontró, y no me dijo nada. Pero se lo contó a media escuela… "Miracles Castillo, from El Barrio, is a witch—esa spic practica la brujería. ¿A qué no saben lo que tiene escondido en el closet?" Pidió que la cambiaran de habitación. Unos días antes yo había solicitado a una de las sororidades. Y me habían aceptado. El día de la iniciación decidieron jugarme una broma. Me llevaron al bosque, de noche… me vistieron con una toga, me hicieron caminar descalza sobre los pine cones, me amarraron a uno de los pinos… a mis pies pusieron un montón de tissue paper—rojo. Parecía una hoguera. Encendieron velas. Me vaciaron encima una botella de ron. Una de ellas golpeaba un pequeño tamborcito de juguete. Las demás bailaron a mi alrededor, como una danza india y… yo sé que fue un accidente, pero… a una de ellas se le cayó la vela… y aquella hoguera de papel se convirtió en una hoguera de verdad. En la confusión, en lo que me desamarraban, mis pies, empapados de ron… My feet got burned, abuela! (Geno *la abraza.*) But I didn't quit, I didn't quit. Porque eso es lo que quieren, que nos demos por vencidos. Pero, gané. Y me gradué. Summa Cum Laude.

Geno: (*Meciéndola en sus brazos. Sin reproche.*) Pero, m'ijita, de que sirve ganar si dejas de ser quien eres…

Millie: ¿Y quiénes somos, abuela? ¿Quiénes somos?

Apagón gradual. Por unos segundos sólo se ve la luz de la vela y los perfiles de Millie, Geno, y Santa Bárbara. *Apagón total.*

Varios días más tarde. Al subir las luces de nuevo, la botánica está vacía. De afuera se oyen las voces de Pepe el Indio, Rubén y Millie.

Pepe: ¡Rubén! ¡Rubén, agárralo bien! ¡Qué no se te escape, muchacho!

Rubén: Chief, lo tengo bien agarrado por aquí. Cuidado no tropieces allí.

Pepe: Esto pesa más que un búfalo muerto.

Millie: Esperen, esperen… cuidado no se les caiga… (Rubén y Pepe *entran cargando una caja enorme. Detrás entra* Millie *empujando una mesita con ruedas. Entre todos abren la caja.* Rubén *saca el monitor de una computadora.* Millie *saca el teclado,* Pepe *saca el disc drive, luego la impresora. Lo ponen todo sobre la mesa con ruedas.*)

Geno: (*Entra* Geno *de la casa.*) ¿Y esto qué es?

Millie: Una sorpresa, abuela. ¡Taita!

Geno: (*Dándole la vuelta a la mesa. Intrigada.*) Muy bonito, pero, ¿qué es?

Millie: It's a computer, abuela! Una computadora.

Geno: ¿Y qué voy a hacer yo con eso?

Millie: Lo mismo que has hecho siempre, pero mejor. Y más rápido.

Geno: ¿Y tú crees que a mi edad yo voy a aprender a manejar ese coso?

Millie: Yo te voy a enseñar, abuela. Todos los días cuando salga del trabajo, vengo a darte clases. Y a mamá también.

Anamú: (*Entra* Anamú.) ¿Mamá qué? ¿Qué te traes entre manos ahora?

Geno: Anamú, mira con lo que se ha aparecido esta muchacha, una competidora.

Millie: Computadora, abuela.

Anamú: ¿De dónde salió eso?

Millie: En el banco cambiaron el sistema a uno más moderno y vendieron éstas a los empleados baratísimas.

Geno: ¿Y para qué sirve esto?

Millie: Esto tiene una memoria, y todo lo que tú le enseñes, ella se acuerda.

Geno: Para eso no hace falta un aparato. Yo me acuerdo de todo.

Millie: Pero con esto, todos tenemos acceso a la información.

Geno: ¿Y cómo funciona?

Millie: Bueno, primero hay que ponerle adentro la información. En estos discos se graban las cosas, ¿ves? Aquí vamos a poner todas las yerbas, los remedios, las oraciones, los sueños, los riegos, los sahumerios, las limpiezas de la semana. En otro vamos a poner el inventario, así siempre sabrás qué cantidades te quedan de cada producto, el costo, etc. Después aprietas estas teclas, y aquí por la pantalla sale la información que quieres. Y si quieres imprimirlo, aprietas esta otra, y ¡rácata! sale por allá en papel.

Anamú: ¿Y no es peligrosa?

Millie: No, mamá, no muerde.

Pepe: Doña Geno, ¿qué usted cree? Esto es otro invento de los blanquitos… Hay que tener cuidado. Tiene que tener cuidado con los búfalos, Doña Geno…

Geno: No sé, Chief. No sé qué pensarán los santos y los espíritus de todo esto.

Millie: Abuela, de eso no te preocupes. It is okay with them, I assure you. (*Le da una palmadita a la computadora.*) Aquí, en esta memoria vamos a enterrar todos los secretos—como si fuera al pie de la ceiba. ¿Qué te parece?

Geno: Ay, nena, yo no sé… ¿Tú crees que una vieja como yo va a poder aprender estos aparatos?

Rubén: ¡Déjese de eso, Doña Geno!

Millie: Sí, vas a poder. Toma un tiempito, pero recuerda: hay que aprender a freír despacio.

Anamú: (*Algo más entusiasmada.*) Bueno, Milagritos, enséñanos algo.

Millie: Primero hay que conectarlo todo. (*Saca un enredo de cables de la caja.*)

Anamú: ¿Y tú sabes dónde va ese fracatán de cables?

Millie: Creo que sí…

Rubén: (*Ayudando a Millie con los cables.*) A ver, te damos una manita… Yo creo que aquí hay demasiados cables.

Pepe: Eso es fácil. Yo sé el Método Universal Para Armar y Conectar Todo Tipo de Aparato.

Anamú: ¿Cómo es eso?

Pepe: Muy fácil… usted verá… (*Se da un trago de la botella. Recita lo que sigue de un tirón.*) Usted agarra el COSO con la mano izquierda. Con la derecha inserte el TURULETE en la COCLAÍNA, justo debajo de la CUCHU-

FLETA roja. Después, con mucho cuidado, le da una vuelta a la derecha hasta que oiga un click. Enseguidita atornille el SEMIÑOCO largo al CHIRIMBOLO amarillo. Ahora, muy importante, bajo ninguna circunstancia permita que el PERIFOLLO de metal haga contacto con la TIRITAÑA negra, si no, se le puede dañar el CACHIRULO, ¿entienden?…
Todos: No.
Pepe: No se preocupen. Vamos paso por paso…
Geno: Esperen… antes de empezar… (*Rocía Agua de Florida sobre la computadora*).
Millie: Abuela, ¿qué haces? (*Seca con la mano el Agua de Florida.*)
Geno: Por si las moscas.
Pepe: Buena, idea, Doña Geno. Hay que alejar los malos espíritus. (*Saca su hacha y la mueve sobre los aparatos.*) Estos aparatos son muy sensitivos a las malas vibraciones.
Millie: Vamos, vamos a conectar esto.
Pepe: Okay… agarre el coso con la mano derecha…
Millie: El coso con la mano derecha…
Anamú: ¿Cuál coso?
Carmen: (*Entra* Carmen, *bien vestida y arreglada. No le hacen mucho caso.*) Hello, everybody! (*Nadie le responde. Va donde* Rubén y Pepe.) Hi, Rubén, how are you? And you, Mr. Indian?
Rubén: Nena, ¿tú hablando inglés?
Carmen: Sí, estoy cogiendo clases por la noche.
Rubén: ¡Vaya!
Pepe: Justo debajo de la cuchufleta roja…
Carmen: (Carmen *toca a* Doña Geno *en el hombro.*) Hello, Doña Yeno. How do you do? Is me, Carmen!
Geno: ¡Mujer, casi ni te conozco!
Carmen: Sí, gracias a sus recetas espirituales modernas…
Geno: ¿Recetas modernas?
Carmen: Sí, la que me leyó Millie cuando usted estaba en el hospital… Me cambié el peinado, conseguí trabajo, me compré ropa nueva, estoy yendo a la escuela por la noche… y, no lo va a creer… ¡I have a boyfriend! (Geno *le echa una mirada a* Millie. Millie *se encoge de hombros.*)
Pepe: Rubén, atornilla el semiñoco largo… ¡no chico, ese es el chirimbolo!
Rubén: Perdone, Chief.
Anamú: (A Carmen.) ¡Vaya!… ¿y quién es el dichoso?

Carmen: No sé si lo conoces—se llama Arturo. ¡Ay, está enchuladísimo con mi pelo!
Luisa: (*Entrando apresuradamente.*) ¡Ay, qué bueno que no han cerrado todavía! Doña Geno, necesito consultarte algo.
Geno: Ay, m'ijita, vas a tener que venir mañana. Ahora mi nieta va a hacer un "trabajito" aquí con este aparato… ¿Cuál es el problema? ¿Tu marido?
Pepe: ¡Cuidado! El perifollo de metal está rozando la tiritaña!
Luisa: No, ya eso se resolvió.
Millie: Rubén, ¡ten cuidado!
Geno: (*A Luisa.*) Yo sabía que las velas iban a trabajar…
Luisa: No, no fueron las velas, Doña Geno.
Geno: ¿Qué fue entonces?
Luisa: Le di una buena limpieza a la casa, hice un sahumerio, saqué toda la basura para afuera, puse la escoba detrás de la puerta y san se acabó!
Geno: ¿Qué pasó?
Pepe: ¡Que la tiritaña está mal enchufada!
Luisa: Boté a Arturo de la casa, con el resto de la basura.
Millie: Pásame la cuchufleta del input.
Carmen: (*A Luisa.*) ¿Arturo? ¿Arturo es su marido?
Luisa: Era. Ya me despojé de ese mono que tenía en la espalda.
Anamú: Fíjense bien, me parece que el semiñoco ese está flojo.
Carmen: (*Para sí.*) ¡Ay, virgen! (*A Doña Geno.*) Doña Geno… tengo que hacerle una consulta… a private consulta…
Geno: Mañana, mañana… ahora estoy ocupada…
Millie: ¡Yo creo que ya está!
Pepe: Déjame chequearlo rapidito… (*Tocando los cables rápidamente.*) Turulete, coclaína, semiñoco, chirimbolo, tiritaña, cachirulo. Sí, ya está.
Rubén: (*Enrollando cables y guardándolos en la caja.*) Yo dije que aquí iban a sobrar cables.
Luisa: (*Por primera vez se fija en la computadora.*) ¡Ay, pero qué tienen aquí! ¡Una tele! ¡Ahora puedo ver la novela aquí!
Carmen: Excuse me, no es una tele. It is a computer.
Geno: Eso. La trajo Millie. Ahora nos va a hacer una demostración.
Rubén: Vamos, vamos, préndela.
Anamú: Sí, sí, vamos. Estoy loca por ver para qué sirve un aparato como éste en una botánica.
Millie: Ya verán, ya verán.
Carmen: (*Para sí, preocupada.*) Arturo…

MILLIE: (MILLIE *se sienta ante la computadora. Los demás la rodean.*) Okay. Vamos a empezar con las yerbas. Abuela, tú me dices el nombre de la yerba y después para lo que se usa y yo lo voy a taipear aquí.
GENO: Hay tantas… no sé por dónde empezar.
RUBÉN: Puede empezar por orden alfabético.
PEPE: Eso. En orden alfabético.
MILLIE: Si quieres, pero no es necesario. Se pueden poner en cualquier orden, porque después yo aprieto una de estas teclas y la máquina solita pone la lista en orden alfabético.
CARMEN: You should put them in English too.
MILLIE: Eso es otro paso. Primero vamos a ponerlas en español.
ANAMÚ: Espérate, no empieces todavía. Para sentirme más tranquila, déjame hacerle un rieguito antes de empezar.
MILLIE: Mamá, eso no hace falta…
ANAMÚ: Déjame… por si las moscas… (ANAMÚ *coge una botella de Agua de Florida y echa unas gotas alrededor y encima de la computadora. Se pasa por la cabeza y le unta en las manos a* MILLIE.)
MILLIE: Okay, ya podemos empezar. Dale abuela.
GENO: Bueno, pues… pon ahí… ¡Ay, no me hallo!
MILLIE: Come on, abuela!
RUBÉN: Doña Geno, no se me eche para atrás ahora.
ANAMÚ: Yo te puedo decir las que yo sé.
MILLIE: Okay, dale.
ANAMÚ: Yerba santa…
MILLIE: (*Tecleando.*) Yerba santa… ¿para qué sirve?
Apagón súbito. Reacciones de sorpresa de todos en la oscuridad.
LUISA: ¡Ay!
GENO: ¿Qué pasó?
ANAMÚ: ¡Se fueron los tapones!
MILLIE: Shit!
PEPE: ¡Coño Rubén, te dije que tuvieras cuidado con la cuchufleta amarilla!
RUBÉN: Yo creo que es un blackout…
GENO: (*Escandalizada.*) Ya sabía yo que este embeleco no iba a ser del agrado de los santos…
CARMEN: (*Tropieza, se oye ruido.*) ¡Ay! Creo que me partí una canilla!
PEPE: Cuidado donde pisa, joven—eso era mi pie…
GENO: Anamú, enciende una vela, nos vamos a matar en esta boca de lobo…
(ANAMÚ *enciende una vela,* RUBÉN *enciende otra.*)

MILLIE: Espero que no se me haya borrado toda la información…
GENO: ¿Tú quieres decir que si va la electricidad, este aparato no funciona?
MILLIE: Claro que no…
GENO: ¿Y que todo lo que está ahí adentro se le puede olvidar?
MILLIE: Puede ser…
GENO: ¡Valiente memoria esa! ¿De qué sirve si nada más recuerda cuando hay luz? A mí la memoria no me falla en la oscuridad… te digo, no se puede depender de los aparatos…
PEPE: A lo mejor me equivoqué—Rubén, chequea bien si el semiñoco rojo está conectado al turulete negro…
RUBÉN: A ver, aguanta aquí esta vela…
ANAMÚ: Voy a chequear los tapones… (*Sale.* RUBÉN *conecta y desconecta cables. Vuelve la luz. Reacciones y comentarios.*)
MILLIE: Vamos a ver si se borró algo… (*Aprieta teclas. La pantalla se enciende de nuevo.*)
ANAMÚ: (*Entra* ANAMÚ.) ¿Qué pasó?
RUBÉN: Pues, no sabemos… (*A* MILLIE.) Is everything okay?
MILLIE: Parece que sí… sí, aquí está… Bueno, vamos a seguir, ¿por dónde íbamos?
GENO: No sé si vale la pena…
ANAMÚ: Ay, mamá, todo el mundo usa estas cosas hoy en día…
GENO: ¿Y si se van los tapones otra vez?
RUBÉN: Van a tener que cambiar los cables eléctricos…
MILLIE: Forget it, abuela. A ver, íbamos por la yerba buena…
ANAMÚ: Yerba santa.
CARMEN: Joli gras in inglis.
MILLIE: (*Tecleando.*) Yerba santa. ¿Para qué sirve eso?
GENO: Pa' la garganta.
MILLIE: (*Tecleando.*) Para la garganta. Okay, otra.
ANAMÚ: Abrecamino…
GENO: Pa' su destino.
MILLIE: (*Tecleando.*) Abrecamino… para el destino.
RUBÉN: Apasote…
LUISA: Eso es para los frotes. (MILLIE *teclea.*)
ANAMÚ: También está la albahaca…
CARMEN: Sí, esa es pa' la gente flaca… for skinny people.
MILLIE: (*Tecleando.*) Albahaca… para la gente flaca…
PEPE: También está el vetiver para los que no ven…

Millie: Hey, wait a minute! This sounds familiar…
Los Demás: (*Cantando.*) ¡Y con esa yerba se casa usted!
Millie: ¡Se están burlando de mí!
Geno: No, m'ijita, no. Sigue, sigue.
Anamú: Hija, taipea… (*Cantando.*)

"Traigo yerba santa pa' la garganta
Traigo caisimón pa' la hinchazón
Traigo abrecamino pa' su destino
Traigo la ruda pa' el que estornuda
También traigo albahaca pa' la gente flaca
el apasote para los frotes
el vetivé para el no ve"

Todos: "¡Y con esa yerba, se casa usted!"
Carmen: (*Suena el teléfono.* Carmen *corre a contestarlo.*) Ceiba Tree Boutique! May I help you… yes, one moment please, who's calling? One moment… (*Tapa el teléfono con la mano.*) Millie, is for you… Mr. Ahabi. (Millie *no se mueve.* Geno, Anamú y Rubén *la miran.* Millie *va al teléfono. Todos la siguen con la vista, expectativamente.* Carmen *le pasa el teléfono. A* Geno.) ¿Quién es ese Ahabi?
Geno: Es el señor que quiere comprar el building… (Todos *siguen la conversación telefónica con gran interés.* Rubén y Geno *casi aguantando la respiración.*)
Millie: Hello, Mr. Ahabi… yes… no, it won't be necessary because… because I've changed my mind. No, it is not the money… It's that… my buffaloes are not for sale! ¿No comprende? I said no, ¡qué mis búfalos no se venden!
Geno: ¡Un milagro!
Reacciones de júbilo de Rubén y Pepe. Geno, Anamú y Millie *se abrazan.*
Apagón.
En la oscuridad se escucha "El yerbero moderno" por Celia Cruz. Los actores salen a saludar con la canción de trasfondo. Después del último saludo de los actores, apagón. En la oscuridad se proyecta una diapositiva que es la foto de una computadora gigante. En la pantalla hay una imagen de Santa Bárbara en "computer design" guiñando un ojo.
Apagón final.

FIN

Patricia Ariza y la colaboración teatral

Durante más de cuarenta años Patricia Ariza ha sido una de las figuras más destacadas de la escena teatral colombiana. Además de ser actriz, dramaturga y directora, también es activista comprometida y gestora de importantes iniciativas culturales que ha emprendido a nivel local e internacional. Nacida en 1946 en el departamento de Santander, de niña fue forzada a trasladarse a Bogotá con su familia para huir de la violencia de la guerra civil.

Ariza tuvo su primer contacto con el teatro a través de su participación en los talleres de teatro de la Universidad Nacional organizados por Santiago García en la década de los 1960. En 1965, un momento de gran politización estudiantil, Ariza, García y otros artistas e intelectuales se separaron de la universidad, y en un galpón fundaron La Casa de Cultura, entidad precursor de La Candelaria. Inspirados por el fervor vanguardista que vigorizó en aquel momento a los jóvenes intelectuales en Colombia, y en toda Latinoamérica, en este espacio desarrollaron un teatro experimental que continuaron profundizando una vez instalados en la casa colonial que hasta hoy funciona como sede del grupo teatral. Fundado en 1966, La Candelaria es uno de los primeros colectivos teatrales independientes establecidos en el país y es uno de los pocos que sigue floreciendo como tal. Por eso, según Ariza "La Candelaria es un ejemplo paradigmático de la persistencia, la terquedad y la renovación" ("Interview with Patricia Ariza").

Históricamente, el método privilegiado por la Candelaria ha sido la creación colectiva, pero García advierte que "luego, casi previniendo que la estrategia convertida en método se nos podría volver en nuestra contra, nos 'torcimos' hacia las propuestas individuales" (García 8). Con obras como *Corre corre Carigüeta* (1985) de Santiago García, *Tráfico pesado* (1994) de Fernando Peñuela y *Luna menguante* (1994) de Patricia Ariza, el grupo se ha distinguido por esta capacidad de trabajar colectivamente y al mismo tiempo fomentar el desarrollo de las voces individuales de sus integrantes. Ariza misma enfatiza que ha tenido que buscar sus propios espacios para crecer como dramaturga y directora ("Interview"). Por eso, ha elegido desarrollar sus actividades teatrales en diversos ámbitos.

Además de La Candelaria en 1966, Ariza también fundó, y es actualmente directora de la Corporación Colombiana del Teatro (CCT). Establecida en 1970, la organización está compuesta por diversos grupos teatrales del país entre los que se destacan el Local, el Teatro Libre y Acto Latino en Bogotá y La Máscara y el Teatro Experimental en Cali (TEC). Las iniciativas de la CCT reflejan la influencia de Ariza: demuestran un compromiso con las comunidades vulnerables y periféricas, luchan por la equidad de la mujer y se empeñan en abrir espacios de representación para los grupos tradicionalmente marginalizados con un énfasis en la igualdad de personas de distintos géneros, razas, religiones, preferencias sexuales o niveles socio-económicos.

En el marco de la CCT Ariza ha tenido un papel fundamental en la creación y la organización de eventos como el Festival de Mujeres en Escena y el Festival de Teatro Alternativo. Estos dos festivales representan no solamente la riqueza y la diversidad de la producción del teatro colombiano contemporáneo, sino también el compromiso social de los colaboradores y los públicos que participan en ellos. También como parte de su trabajo con la CCT, Ariza ha coordinado la "Expedición por el éxodo," una iniciativa que a partir del año 2000 reúne distintas entidades nacionales e internacionales con el objetivo de desmantelar los prejuicios que se asocian con los desplazados y—a través de la expresión artística—darles voz. Otra intervención urbana creada por Ariza que trabaja temas de inclusión social, ciudadanías marginales y memoria es *¿Dónde están? Memoria viva. Mujeres en la plaza*. Llevada a cabo en la Plaza Bolívar de Bogotá en 2009 dentro del marco del encuentro "Ciudadanías en escena: entradas y salidas de los derechos culturales" y organizado por el Instituto Hemisférico de Performance y Política de New York University, esta intervención también explora cómo el espacio urbano puede convertirse en un escenario potente para visibilizar tanto la dimensión humana del desplazamiento como las experiencias particulares de la mujeres producidas por el desplazamiento forzado.

Otro grupo teatral con el cual Ariza ha colaborado ampliamente es el Teatro la Máscara, fundado en Cali en 1972. El grupo se generó en el ambiente del teatro experimental nutrido por la CCT y grupos ya consolidados como el TEC, y en un principio estuvo conformado por actores y estudiantes. A principios de la década de los 1980 los hombres salieron del grupo y quedaron solamente mujeres, entre ellas Lucy Bolaños, una de las integrantes más veteranas del grupo, junto con Pilar Restrepo. A partir de entonces El Grupo La Máscara comenzó a enfocarse exclusivamente en la temática de la mujer. Según Restrepo, el cambio señaló "una inquietud de mujeres por encontrar un lenguaje propio que 'nos revele' y 'nos rebele', frente a unos hábitos de 'invisibilizarnos' e 'imbecilizarnos la imagen de la mujer'" (17). A pesar de este cambio de rumbo, Teatro la Máscara sigue compartiendo prácticas y estéticas con La Candelaria. Los dos grupos trabajan principalmente con la creación colectiva, están comprometidos con la comunidad, buscan alcanzar un público amplio y diverso y se inspiran en un gran repertorio de autores extranjeros (sobre todo Brecht) para reimaginar sus obras en el contexto colombiano. Las integrantes de La Máscara nunca evitan los temas controvertidos; desarrollan obras valientes e incluso riesgosas tales como *María Farrar* (1984), basada en el poema de Brecht "De la infanticida María Farrar." La primera versión de esta obra de creación colectiva trabaja el polémico tema del infanticidio desde el teatro callejero.

Los temas explorados por el Grupo La Máscara incluyen la locura (*María M*, 1985), la viudez (*Las viudas*, 1987) y el exilio forzado (*Mujeres en trance de viaje*, 1990). Esta última obra surgió de un encuentro entre las integrantes del grupo y Ariza en Cuba. Hacia finales de los 1980 se agudizó la violencia política y social en Colombia y aparecieron escuadrones de la muerte y campañas de limpieza. Debido al carácter controvertido y radical de su trabajo, varios miembros de La Candelaria y del Grupo La Máscara recibieron amenazas durante este período. En consecuencia, el Grupo La Máscara decidió marcharse a Costa Rica en 1987 y desde allí recorrió varios países con un espectáculo de obras cortas titulado *Historias de mujeres*. Uno de sus muchos viajes los llevó a Cuba donde se encontraron con Ariza. Fue entonces cuando aquellas artistas exiliadas se pusieron de acuerdo para crear una obra conjunta sobre la experiencia del exilio y la violencia que aflige a las mujeres del país. Así nació *Mujeres en trance de viaje,* estrenada en Cali en 1990. Ariza articula la pregunta que las rondaba en el momento de crear la obra: "¿Cómo convertir el dolor en creación? El teatro es lo que nos devuelve la vida, nos permite vencer los miedos" (Citada en Restrepo 131-32). A diferencia de la mayoría de las obras puestas en escena por La Máscara, *Mujeres* es una obra que no se basó en un texto inicial, sino que fue escrita durante los ensayos. Este modo de creación facilita el diálogo directo sobre la violencia política del país y los miedos compartidos por las artistas, y en consecuencia parece contestar directamente la pregunta de Ariza.

Una de las producciones más exitosas de La Máscara ha sido el montaje de *Luna menguante*, reunida en este volumen. La obra fue escrita por Ariza, coproducida por La Candelaria y estrenada en 1994 en el Teatro la Máscara de Cali. Aunque no todas las obras de Ariza se enfocan en la situación de la mujer, la mayoría de ellas sí eligen un punto de vista femenino para visibilizar los problemas que padecen los grupos tradicionalmente excluidos. Por ejemplo, *La madre* (1999) explora el impacto de la guerra en la vida de la mujer, y *Mi parce* (1991) presenta una perspectiva femenina sobre el homicidio y el sicariato. Sin embargo, *Luna menguante* es la obra que más se centra en el género femenino como tema principal. La obra investiga los ritos de pasaje que inauguran distintos "estados" femeninos como la menstruación, la maternidad y la menopausia.

La obra reúne cuatro personajes femeninos que pertenecen a tres generaciones (abuela, madre y dos hijas) para mostrar cómo se perpetúa y subvierte la ideología patriarcal a través de la trasmisión intergeneracional de mitos y prácticas cotidianas. *Luna menguante* divide su atención entre un enfoque en los procesos corporales de las mujeres y el uso del lenguaje como herramienta que recicla las relaciones de poder y fortalece los roles tradicionales de género. Como resultado de este punto de vista dividido, Ariza juega con la tensión entre las definiciones biológicas y sociales del género. Al incorporar elementos del circo en la puesta (trapecios, poleas), la obra adquiere un tono irónico y performativo que parece aliviarla al tiempo que acentúa la sensación de enajenación que sienten los personajes cuando sus procesos corporales pertenecen al ámbito circense.

Luna menguante fue bien recibida en Colombia y Ariza tuvo la oportunidad de presentarla en el extranjero junto con otras dos obras de La Máscara—*Emocionales* y *Bocas de bolero*—en el Festival Internacional de Teatro Contemporáneo de Mujeres, organizado por el Magdalena Project (Red Internacional de mujeres en el teatro contemporáneo) en Gales en 1994. Esta exploración de la perspectiva femenina se acentuó en el 2002 cuando junto con Pilar Restrepo y Lucy Bolaños del Teatro La Máscara, Ariza organizó un encuentro en Cali (El Festival Magdalena Pacífica) que se enfocó en el rol de la mujer en el proceso de reimaginar un país en paz. A través de su arte teatral y su trabajo como activista y organizadora, Ariza sigue abriendo espacios y luchando por los derechos humanos de los grupos tradicionalmente marginalizados en su país. Su obra—tanto artística como social—contribuye valiosamente a la reimaginación y la reconstrucción de un país con más igualdad, más equidad de género y más justicia.

Brenda Werth
American University

Luna menguante

Patricia Ariza

A Cata

Personajes:

Ana 1
Ana 2
Madre
Abuela

Luna menguante fue montada por su autora, Patricia Ariza, con el Teatro La Máscara en coproducción con el Teatro La Candelaria en Cali en 1994 (julio) y en Bogotá en 1995 (marzo y julio). Las integrantes del grupo Teatro La Máscara se encargaron de la actuación: Lucy Bolaños, Ximena Escobar, Valentina Vivas y Susana Uribe.

Escenario:

Ropas en remojo y cubos de agua. Luz oblicua y escasa. Ambiente mortecino. Al parecer, amanece. Sonidos reiterados de enjambres de mosquitos que van y regresan. Voces de niñas en recreo y de mujeres murmurando. Se escucha amplificado el sonido del desagüe de un inodoro.

Cae de repente al escenario una muñeca rota. Primero los brazos, luego el tronco, después, toda. Se escuchan débilmente voces como de adolescentes. Desde el fondo de la atmósfera unas mujeres emergen.

ANA 2: Estoy herida de muerte, madre…
ANA 1: ¿Qué te pasa?
ANA 2: Tengo cólicos.
(Entran dos mujeres, la madre y la abuela, con una cama de hospital. Dan vueltas y vueltas. Alistan tendidos y preparan comida. Cuelgan y descuelgan ropas).
ANA 2: Me he reventado por dentro abuela. Sangro.
(Las mujeres acuestan a Ana 2. Giran la cama con ruedas bajo una luz definitivamente cenital.)
MADRE: No es nada. No debes tener miedo. Ya estás en la edad de merecer.
(Giran y giran. Ana 2 queda trastornada bajo la luz intermitente)
ABUELA: Las toallas están listas.
(Sacan montones de pañitos blancos y los tienden en las cuerdas que cruzan como ráfagas el espacio. La cubren con sábanas blancas.)
MADRE: *(A Ana 2.)* Eres toda una mujer. Precoz como tu abuela y como yo.
(Traen y sacan baldes y platones de peltre.)
ABUELA: *(A Ana 2.)* Bendita seas. No tengas miedo. Yo estoy vieja y marchita. Mi sangre se escondió en un cubil hace años.
(Entra la madre con cubos de agua caliente.)
MADRE: A mí me suben calores y sudo sin razón. Me seco.
ABUELA: Ya no podrás dejar de ser mujer.
MADRE: *(A Ana 2. Limpiándole las piernas.)* Debes aprender a lavarte y cuídate de las jorobas.
ABUELA: No te pinches con una aguja.
MADRE: No te dejes tocar los pies con la escoba mientras barres.
ABUELA: No rompas los espejos. Si lo haces, echa los pedazos al agua.
MADRE: No te peines de noche.
ABUELA: Se extraviarán los navegantes.
MADRE: No te sientes con dos mujeres sobre una sábana blanca.
ABUELA: Si lo haces,
MADRE: Una de las dos, morirá.
ABUELA: No metas los pies en agua fría.
MADRE: Ni en agua hirviendo.
ABUELA: No te laves el pelo con el menstruo.
MADRE: No te bañes en el mar.
ABUELA: No arregles nunca un ramo de flores.
MADRE: No toques los retoños.
ABUELA: No batas los huevos.

Madre: Los enloquecerás.
Abuela: Come carne cruda.
Madre: Jugo de limón, jamás.
Abuela: No tomes el sol.
Madre: Vivirás días secretos.
Abuela: Absolutamente femeninos.
Madre: Inventa palabras.
Abuela: Nunca digas menstruación.
Ana 1: Di mastur…
Abuela: *(Reprendiendo a Ana 1.)* Cállate la boca, desvergonzada.
Madre: Habla la jaqueca.
Abuela: Dolor de cabeza.
Madre: Dirás que tienes incomodidad.
Abuela: Una indisposición.
Madre: Una preocupación.
Abuela: Que estás alelada.
Madre: Serán tus días.
Abuela: Serán tus cosas.
Madre: Ningún hombre podrá notarlo.
> *(Ana 2 cae aturdida sobre la camilla; a lo lejos, enjambres de mosquitos, voces de mujeres sonámbulas y niños en recreo. Ana 2 queda sola. Ana 1 danza alrededor, mientras tanto la madre y la abuela pintan un círculo que encierra a las dos Anas. Marchan arreglándolo todo con una precisión que sólo se logra después de muchos siglos de hacer lo mismo.)*

Abuela: *(Señalándole el círculo.)* No debes tocarlo. Permanecerás dentro de él. Quieta. Borda, cose y sobre todo, observa… *(Traen una extraña máquina de coser a motor y la prenden. Se escucha amplificando el ruido de la costura. Por el aire, de nuevo, corren los pañuelos blancos colgados. Pasan y pasan a medida que la abuela pedalea incesantemente.)*
Abuela: *(Gritando por encima del ruido.)* Así no se verá la sangre. Te los colocarás suavemente y caminarás con las piernas apretadas, las rodillas siempre juntas. *(Ana 1 sale del círculo y continúa danzando.)*
Madre: *(Gritando desde otro lugar, mientras hace oficio.)* Cuídate de correr. Escóndelos, disimula… Que nadie te vea. Que ninguna mancha te traspase.
Ana 2: *(Desde la cama.)* Huelo a cabra, me salen hedores de las piernas. Soy como un desaguadero maloliente.
Ana 1: *(Corriendo.)* Hueles a aromas de aguas estancadas.

ABUELA: *(Gritando.)* Que la sangre se pierda. Que se evapore. *(Las cuerdas pasan. Los pañuelos corren. Las voces femeninas van y vuelven. Atmósfera de vértigo. Sonido fuerte de costura. Ana 1 danza hasta que queda como pegada a la pared con los pelos de punta. Ana 2 se incorpora. Las mayores salen. Quedan las dos Anas solas.)*

ANA 1: Te lavaré mi pequeña hermana, te expondré al sol. Pondré tu vientre al aire, no importa los ríos de sangre, no importa que mueras. No seremos como ellas. *(Ana 1 descuelga a Ana 2.)* Mataremos la memoria de nuestras madres y de nuestras abuelas. Nos cortaremos el pelo. No somos un túnel. *(Música de juego. Ana 1 invita a su hermana a jugar. Ana 2 no quiere. Se resiste.)*

ANA 1: ¿Lunes?

ANA 2: No quiero. Tengo dolores.

ANA 1: ¡Dilo! ¿La obliga?

ANA 2: Novedad.

ANA 1: ¿Martes?

ANA 2: Nada, no quiero.

ANA 1: Si quieres. ¿Cómo es?

ANA 2: Dolores bajitos y húmedos.

ANA 1: ¿Martes?

ANA 2: Declaración. ¡Ya!

ANA 1: Miércoles.

ANA 2: Carta, carta, carta.

ANA 1: *(La toma por el pelo.)* Carta apasionada. Juega bien, ¿jueves?

ANA 2: Regalo. ¡No más!

ANA 1: ¿Viernes?

ANA 2: Lágrimas.

ANA 1: ¿Sábado?

ANA 2: Amor.

ANA 1: No lo tendrás, no le tendrás. Estás afuera. Concéntrate. Lo sé. ¿Domingo?

ANA 2: Matrimonio.

ABUELA: Déjala quieta, no la zarandees.

MADRE: Si lo haces, los huevos enloquecerán.

ABUELA: Sentirás contracciones como en el parto.

ANA 2: Tengo cólicos. Soy un río de sangre. No quiero quedarme quieta. Expondré mi vientre al sol. Tomaré láudano. *(A Ana 1 tomándola del brazo.)* No me dejes sola. *(Se secretean y ríen.)*

(Ana 1 invita a su hermana a jugar. Ana 2 la rechaza)
ANA 2: Quiero dormir. Tan sólo quiero dormir.
ABUELA: Medita en tu condición. *(Ana 2 se duerme. Cambia la luz y se escucha música de ensueños. La abuela y la madre descienden ciegas. Son imágenes oníricas de Ana 2. Bajan lentamente de sus lugares de trabajo con movimientos extraños, sumergidas en la pesadilla de Ana 2. Cambia la luz.)*
ABUELA: Eres provocadora mi pequeña. *(Danza)*
MADRE: Altiva y altanera. *(La rodean.)*
ABUELA: Te ataviaremos para ellos. *(La pintorretean)*
MADRE: Muéstrales lo que tienes. *(Le colocan medias y tacones de mujer fatal.)*
ABUELA: Contonéate.
MADRE: Mójate los labios.
ABUELA: Míralos y agáchate. Coquetéales.
MADRE: Se enloquecerán!
ABUELA: Rúgeles en el oído como una fiera.
MADRE: Contonéate como una cabra.
ABUELA: Ya no te llamas Ana.
MADRE: Ahora te llamas Lilit.
ABUELA: Y no estás hecha de barro.
MADRE: ¡Estás hecha de estiércol!
(Bajo la música la visten con un traje de fantasía. Se mueven como dentro de aceite. Esta escena es una especie de danza erótica de mujeres ciegas.)
(Ana 1 le coloca los zapatos y le pinta la boca. La mueven y la conducen hacia un espejo. Ella se resiste, corre y se aferra al trapecio. Da vueltas y vueltas hasta que cae aturdida. Las mayores regresan a su lugar de trabajo a coser y a bordar.)
(Ana 1 va donde Ana 2, le quita el vestido. Se escucha de repente una marcha militar.
(Ana 1 se pone el traje y sube como una exhalación a una ventana. Está excitadísima por el supuesto paso de hombres a caballo en desfile militar.)
ANA 2: *(A Ana 1.)* ¿Qué ves?
ANA 1: Se preparan. Traen un aire triunfal.
ANA 2: ¿Qué celebran?
ANA 1: ¡La victoria!
ANA 2: ¿Y qué ganaron?
ABUELA: Bájate de ahí pervertida.
MADRE: ¿Por qué te trepas otra vez? ¿Qué es lo que esperas?
(La madre y la abuela golpean con un palo mientras la regañan simultáneamente a gritos.)

Abuela: Eres provocadora y pervertida.
Madre: ¡Bájate de ahí!
Abuela: Eres una vergüenza para todas nosotras.
Madre: ¿Qué van a decir los que te vean?
Abuela: Cierra las piernas.
(Repentinamente por entre sus piernas cae al piso un envoltorio blanco. Todas quedan asombradas mirando por algunos segundos al "bebé.")
(Ana 2 se abalanza y lo acuna compulsivamente arrullándolo. Una a una se lo rapan y lo mecen paseándose afanosamente. Luego lo colocan sobre una cuna e intentan darle de mamar. La abuela extiende la tela blanca del envoltorio, se sorprende y grita aterrada.)
Abuela: ¡Hay una mancha!
(Sube a Ana 1 al trapecio y con cepillos de lavar restriegan el piso mientras murmuran.)
Abuela: *(Dando órdenes.)* Hoy es día de lavado.
Madre: La señorita de la casa tiene una mancha.
Abuela: Que nadie se entere.
Ana 2: Que mi padre no lo sepa.
Abuela: Tu padre duerme.
Madre: Que no lo note.
Abuela: Hay una mancha.
Ana 2: Cartas de amor.
Madre: Tiembla y friega.
Ana 2: *(Sacando objetos imaginarios del balde).* Algodones usados.
Abuela: Lava y juaga.
Ana 2: Cartas que dicen, por favor cuando vendrás.
Madre: Tiembla y friega.
Abuela: Lava y juaga.
Ana 2: Papeles viejos.
Madre: Hay que quemarlo todo…
(Le colocan un camisón a Ana 1. Mientras Ana 2 continúa en voz baja sacando recuerdos imaginarios.)
Ana 2: Cartas de amor…
  Daguerrotipos
  ¿Cuándo volverás?
  Cuándo, cuándo vendrás, cuándo…

(Canta)

Madre que linda noche
Cuantas estrellas
Asómame a la ventana
Que quiero verlas
No hija mía, no
Tú estás enferma
Y el frío de la noche
Matarte puede
Matarte puede

Debajo de mi cama
Maullaba un gato
Más tarde de la noche
Morirme puedo
Pónganme de mortaja
Toda mi ropa
Que estaba ya dispuesta
Para la boda, para la boda

Todas mis amistades
Vendrán a verme
Todas mis amistades
Menos Dolores
Y si Dolores viene
Que me perdone
Y Ponga sobre mi tumba
Lirios y flores
Lirios y flores
(La madre ruge y se agita en su cubil de costura mientras se pone el traje de fantasía)
ANA 1: ¿Qué te pasa madre?
MADRE: Hoy es día de salida.
ANA 2: ¿Qué tienes?
MADRE: Me dispongo.
ABUELA: No podrás. Vas a cumplir 50 años.
   (La madre bota una maleta. Ana 1 la recoge. La abuela se la rapa y la esconde.)
MADRE: *(Mientras desciende por una cuerda)*
   Yo era hermosa

Lúbrica y agresiva
Ansiaba un macho coitante
Era un almacén de placer.

ANA 1: ¿Cómo eras madre?

MADRE: Morena y abierta como un túnel.

ABUELA: Eras insaciable. Uterina y ornamental.

(La madre danza, camina hacia la puerta de atrás. La abuela la recibe y de golpe le quita el vestido.)

MADRE: Ya no eres una jovencita. Tienes 50 años. Asume tus nuevos deberes. Estás en el climaterio.

(Le coloca un traje relleno de gordura. La vuelve vieja. La madre queda convertida en una gorda. La lleva a una mesa, la sube como a una niña. Las Anas traen comida, una cuchara y le ponen una especie de babero.)

ABUELA: *(A la Madre.)* Siéntate y come, tu sangre se ha escondido, tienes nudos en las coyunturas, ¡come!

MADRE: Tus manos ocupaban mi cara.

ABUELA: Descuidabas tus gracias exteriores.

MADRE: El meñique se arrastraba por el suelo

(Mientras tanto, las Anas han tomado el lugar de las mayores y desde allí cosen y observan…)

ABUELA: Tu belleza era para servir y no para ser hermosa.

MADRE: Yo me doblaba bajo la ráfaga.

ABUELA: Sólo quería que fueras como Isolda. Come.

MADRE: Tengo náuseas.

ABUELA: Es hígado crudo. Debes reparar la sangre.

ANA 1: Madre esconde el hígado.

ANA 1: Bota el pescado, bótalo.

ABUELA: Come, come.

ANA 1: Vomita, vomita.

ANA 2: Deja la cuchara, madre.

ABUELA: *(La lleva al trapecio y la cuelga.)* Sólo quería que fueras como Isolda, como las pastorcitas de Arcadia *(A las Anas)* Repitan sus deberes.

ANA 1: Pudor.

ANA 2: Dicción.

ANA 1: Mirada baja.

ANA 2: Reserva.

ANA 1: Dulzura.

Ana 2: Aire ausente.
Madre: *(Gritando.)* Ausente de impulsos sexuales.
Abuela: Deliras como las perras en celo.
Madre: ¡Mi cuerpo me pertenece ahora!
(Provocadora y agresiva)
Senos caídos
Muslos flácidos
Pata de cabra
Surcos en la cara
Mis pechos se mecen como la hierba al viento.
Ana 2: No te desquicies madre.
Abuela: Irás al abismo.
Madre: No quiero el sacrificio
Quiero mi cuerpo
No me revelo
Me extirpo
Abuela: Vas al abismo.
Madre: Y me inclinaré por verlo.
Ana 1: Te turbarás. Tu alma se turbará.
Madre: Bajaré al abismo, aunque mis ojos y mi alma se turben, me inclinaré.
Ana 2: Déjala.
Ana 1: Tú eres el modelo. Camina despacio.
Ana 2: Madre, no te contonees.
Ana 1: Tu espalda, madre.
Abuela: *(Cierra la puerta de un golpe.)* No vuelvas, pervertida.
(La madre sale.)
Abuela: Tu madre ha muerto.
(Inicia una procesión de velorio. Las hijas descienden de sus lugares de trabajo con el traje de la madre puesto: cantan "madre que linda noche...")
Abuela: Niñas, repitan los deberes. Repitan. Pudor. *(A Ana 1)*. Ponte sus ropas.
Ana 1: No quiero. *(Se resiste.)*
Abuela: Póntelas. Vístete de madre. ¡Te corresponde!
Ana 1: No quiero. Mi madre está muerta.
Abuela: ¡Póntelas! Tú estás lista. Has sido preparada durante años, durante siglos, por muchas manos, por muchas miradas. Póntelas. Absorberás su papel. Reemplázala.
(Le alcanza la ropa y Ana 1 se la pone.)

ANA 1: *(A Ana 2.)* Tú vete, márchate lejos.
ANA 2: ¿Qué hay afuera?
ANA 1: Una ciudad. ¡Vete! Puedes verlos desfilar.
ANA 2: No puedo.
ANA 1: Vete. *(Le entrega una maleta. Ana 2 sale y regresa aterrorizada.)*
ABUELA: ¿Dónde estabas? Mirándolos. ¿Su sexo es enorme y tumefacto? ¿Los tocaste? ¿Dime, los tocaste? ¿Era mudo como un cartucho? ¿Como una llaga expuesta a las moscas? *(La Abuela le huele las ropas)* Tú también pervertida. Putas. Son una manada de perras en celo.
ANA 1: ¿Qué haces abuela?
ANA 2: Nos espías.
ANA 1: Tu mirada está por todas partes.
ANA 2: La absorbemos como el smog.
ANA 1: Ahí está siempre.
ANA 2: Cuando salimos, cuando nos desvestimos.
ANA 1: Nos vigilas por las ventanas, por los visillos.
ANA 2: Hueles nuestras ropas en la noche. ¿Qué diablos quieres encontrar? ¿Qué es lo que buscas?
ANA 1: Mírate las manos.
ANA 2: Tienes llagas de rasguñar las puertas.
  Eres un espejo roto
  ¿A qué huelen mis ropas?
  ¿Por qué miras a trasluz nuestros interiores?
  ¿Qué buscas?
  (La abuela se trepa a lo alto. Le mueven la escalera. Se burlan de ella.)
ABUELA: *(Ella, transformada, en trance.)* Y yo tenía un amante. Tocaba el tambor. Invocaba al demonio para que él no me abandonara. Me restregaba la simiente de cáñamo y el láudano… Satanás: "Úneme a este hombre. Tanto lo debes atar que de mí no se debe separar." *(Repite.)*
ANA 1: ¡Abuela!
ANA 2: Toma un poco de luperax.
ANA 1: Tranquilízate abuela.
ABUELA: *(Riéndose a carcajadas.)* Vienen tocando el tambor. Quiero verlos. Marchan igualitos al compás de la victoria. ¿Dónde está mi costura? Deben venir con hambre. Preparen la comida. Es todo un regimiento. Son tan lindos. Andan juntos, todos uniformados. Parecen unos pastelitos de guayaba. Quiero comérmelos a todos. No me vayan a llevar al manicomio. No

ven que estoy encinta. ¿Dónde está mi niña? Tengo que darle la comida. Ya vienen. Preparen las mesas. Pongan los manteles. Cuídense la sangre catamenial, los pelos de la axila y los del pubis. No los consagren en la misa. *(La abuela de desviste. Salta al trapecio. Sube el sonido de la marcha triunfal con ruidos de explosiones.)*

ABUELA: Tengo dolores de parto. No me lleven. Tejan y borden. Hay una mancha. La señorita de la casa tiene una mancha. Preparen todo. Vomita, vomita, rizos ordenados.

ANA 1: Manos hundidas, pliegues marcados.

ABUELA: Sirvan la mesa.

ANA 2: Sumisión, mirada baja, reserva, dulzura, aire ausente…

ANA 1: Abuela, lo olvidas todo. Tu memoria se confunde. La madre murió.

ABUELA: ¿Dónde está tu madre? Tengo que ponerle los saquitos. La espalda recta y el pelo suelto.

ANA 2: *(Bajo los sonidos de la marcha triunfal.)* Abuela, bájate de ahí.

ANA 1: Pareces una niña.

ABUELA: Vienen haciendo torbellinos. Buscan en los manicomios y en los ancianitos.

(Sonido de mosquitos.)

ANA 1: Estás loca abuela.

ABUELA: La sangre catamenial, los pelos de la axila, conságrenlos en la misa. Máquinas de coser.

ANA 2: Baja de ahí, abuela. Aquí están tus anteojos.

ABUELA: Vienen con hambre. Preparen la comida. Traen palos y cuerdas. No saben que estoy encinta. ¡Estoy encinta! No pueden llevarme. *(Sube el sonido de la marcha militar.)*

ANA 1: ¡Abuela!

ABUELA: Siento sus tendones invisibles, sus cartílagos frágiles dentro de mí. Tengo dolores de parto. ¡No me lleven!

ANA 2: Tienes la imaginación afectada.

ABUELA: Tejan y borden. Cocinen. Vienen hambrientos. Se comerán todo. Pelen las papas, zurzan medias, cosan camisas, almidonen los cuellos.

ANA 1: Estás enferma, abuela.

ANA 2: ¡Abuela! Aquí están las mujeres lirios, las pastorcitas de Arcadia.

(Sonido de la parada.)

ABUELA: *(Deja la cuchara sobre la mesa.)* No te mires al espejo. Tiembla y friega. Lava y bate. Hay una mancha, sírvanles la comida. Están llegando. ¿Dónde está tu madre?

ANA 2: En el cementerio de las mujeres.
ABUELA: De veras.
ANA 1: Vomita, vomita.
ANA 2: Rizos ordenados.
ANA 1: Vestidos colgados.
   (Se van intercalando las frases y palabras, las actrices van abandonando el tono de los personajes y poco a poco se dirigen al público. Entra la madre.)
ANA 1: Manos hundidas.
ANA 2: Pliegues marcados.
ABUELA: La cacería se acerca.
MADRE: Sírveles la mesa.
ANA 1: Uterinas y ornamentales.
ABUELA Pon los cubiertos.
ANA 1: Espejo y puerta.
ANA 2: Puerta y círculo.
ANA 1: Vestidos colgados.
ABUELA: ¿Se extraviarán los navegantes?
MADRE: Mujeres jorobadas.
ANA 1: Hay una mancha.
ABUELA: Péinate en la noche.
MADRE: Come carne cruda.
ANA 1: Come carne.
ANA 2: Come, come.
ABUELA: Come, come…
MADRE: Borda, cose y sobre todo, observa.

FIN

Susana Torres Molina: el teatro inconformista

Susana Torres Molina ha desarrollado una impresionante y diversa trayectoria teatral como actriz, dramaturga, directora y docente. Nació en Buenos Aires en 1946, y desde su infancia ha sido una escritora prolífica, llegando a escribir escenas teatrales para compañeros en su adolescencia ("Entrevista personal"). Torres Molina fue además desde el principio una estudiosa de los diferentes componentes del teatro, y una dedicada y tenaz experimentadora. Comenzó su carrera actoral en el ámbito del Instituto Di Tella, entonces uno de los centros culturales de vanguardia y experimentación más importantes de Latinoamérica. Allí actuó en dos obras del Living Theatre, *Libertad y otras intoxicaciones* (1967), dirigida por Mario Trejo, y *Señor Frankenstein* (1968), una obra de creación colectiva. Luego estudió técnicas actorales durante cuatro años (1971-1975) con la actriz y directora Beatriz Matar, y paralelamente estudió estructura escénica con el dramaturgo y director Alberto Ure (1974-75). A fines de estos años de formación como actriz, escribió su primera obra dramática, *Extraño juguete*, estrenada en 1977, con la dirección de Oscar "Lito" Cruz, en el Teatro Payró. La obra explora los límites físicos y psicológicos de tres personajes involucrados en un juego sadomasoquista. Debido a su constante presencia en escena a lo largo de las últimas tres décadas tanto en Argentina como en el extranjero, Torres Molina considera *Extraño juguete* el momento fundacional de su dramaturgia ("Entrevista" 167). En 1978, acompañada por su marido de entonces, el dramaturgo y actor Eduardo Pavlovsky, se exilió a Madrid huyendo de la dictadura, y siguió escribiendo y actuando en el teatro, incursionando además en el cine. Durante su estadía en la capital española Torres Molina también frecuentó el taller de performance dirigido por el artista inglés Lindsay Kemp, y asistió al seminario de estructura dramática del director argentino Roberto Villanueva (1979).

De vuelta en Buenos Aires, en 1981, trató de encontrar a una mujer que dirigiera *...Y a otra cosa mariposa*, un estudio sobre el machismo argentino y la violencia perpetuada a través del performance de los roles de género. Pero como no dio con la persona adecuada, decidió dirigir la obra ella misma, inaugurando entonces su carrera como directora teatral. Se estrenó en el Teatro Planeta de Buenos Aires. En la nota introductoria al texto dramático, Torres Molina aclara que las personas que interpretan los papeles de los cuatro personajes masculinos deben ser actrices. La crítica la ha considerado una obra valiente por su intento de desestabilizar identidades de género y relaciones de poder preexistentes, sobre todo cuando se toma en cuenta que se estrenó durante la dictadura militar (1976-83).

Mucho ha cambiado en Argentina desde entonces; a más de tres décadas del estreno de *...Y a otra cosa mariposa* el país del Río de la Plata ha dejado de ser tan fuertemente asociado con la sistemática violación de los derechos humanos bajo dictadura, y se ha convertido en un país pionero en la promoción de los derechos humanos relacionados con la identidad sexual y de género. También es pionero en la recuperación de la justicia a partir de que se declararon inconstitucionales las leyes de impunidad (2005). En 2010 Argentina fue el primer país latinoamericano en legalizar el matrimonio entre personas del mismo sexo, y en 2012 el senado aprobó un proyecto de ley que otorga servicios y beneficios importantes a personas trans, y esta ya se reconoce como la ley más progresista de la identidad de género del mundo. A la luz de estos últimos logros en el ámbito de los derechos humanos, se destaca nuevamente esta obra de Torres Molina por haber puesto en escena y haberse anticipado a un cuestionamiento de la identidad de género bajo condiciones que, entonces, eran tremendamente represivas. Lejos de ser una excepción, *...Y a otra cosa mariposa* ejemplifica el riesgo intelectual que caracteriza toda la obra teatral de Torres Molina. Asimismo, los matices de su trabajo se pueden percibir a través de obras que tratan el tema del HIV y la sexualidad, como *Unio mystica* (1991) y obras que exploran nuevas perspectivas del trauma de la dictadura, como *Esa extraña forma de pasión* (2010). Más allá de escribir obras con temas difíciles de abarcar, Torres Molina demuestra una gran sensibilidad para tratar situaciones delicadas y polémicas y, a su vez, inquietar productivamente a su público, siempre con sutileza y un gran compromiso social.

Torres Molina afirma que el denominador común de su estética como directora es la funcionalidad. Evita lo decorativo o barroco y privilegia sobre todo un estilo minimalista, sobrio y bello en su economía ("Entrevista personal"). Obras como *Amantissima* (1988) revelan su afinidad por la estética del teatro de la imagen. La autora explica que "quería producir un espectáculo de imágenes potentes, intenso, conmovedor y al mismo tiempo expresar el mundo de la mujer" ("Entrevista" 174). El teatro de la imagen representa una de las estéticas predominantes de la obra de Torres Molina, pero lo que distingue su trabajo del de otros grupos de los 1980, como El Periférico de Objetos, es el balance que mantiene en su aprecio tanto por la palabra como por la imagen. Estéticamente, Torres Molina no reconoce límites a la hora de inspirarse. Una breve lista de sus influencias principales incluye al director Ricardo Bartis y a la actriz y directora Cristina Banegas de Argentina, y a un grupo ecléctico de artistas extranjeros, entre ellos Samuel Beckett, Sankai Juko, Pina Bausch, Edward Hopper, Radiohead y Roger Waters ("Entrevista" 171).

La apertura y variación que caracterizan la visión estética de Torres Molina también se extienden a su metodología, que se basa en no tener ninguna idea fija antes de los ensayos para así poder mantener la mente despejada y abierta. La dramaturga resalta la importancia de estar alerta a las posibilidades actorales y a las configuraciones que se van dando durante el proceso de trabajo. Por eso, durante los ensayos busca conjugar espacios de improvisación para explorar zonas de mayor libertad. Durante los años 1980 fue muy importante para ella tener acceso a su propio espacio teatral, El Hangar, un lugar técnicamente bien equipado donde pudo dar rienda suelta a la experimentación con distintas estéticas y metodologías. Asimismo, hace más de diez años que pertenece a un grupo de autogestión de autores dramáticos, entre ellos Lucía Laragione y Héctor Levy-Daniel, que se reúne con regularidad para conocer, analizar y alentar los trabajos de sus compañeros ("Entrevista" 172). Si bien este tipo de actividad refleja el peso que le da la autora a la escritura dramática, ella confiesa que se conmueve más con las puestas en escena y afirma: "No me enamoro de mis palabras. Sí, de lo que sucede en escena" ("Entrevista" 166).

Aunque Torres Molina insiste en que no se lleva bien con los partidos o aparatos políticos, sí ha participado en iniciativas teatrales a lo largo de las últimas tres décadas que han conllevado un gran compromiso político. A principios de los 1980, de regreso a Buenos Aires, participó en Teatro Abierto (1981-85),[1] un movimiento teatral y sociopolítico sin precedentes concebido durante la dictadura con el objetivo de denunciar el autoritarismo. El movimiento reunió a dramaturgos, directores, actores y otros teatristas que, con sus obras, protestaron valientemente contra la represión y la censura que habían paralizado la comunidad artística. Torres Molina participó en Teatro Abierto con las obras *Soles* (1982) e *Inventario* (1983), esta última co-escrita con Carlos Somigliana, Hebe Serebrinsky y Peñarol Méndez. En 2001 formó parte del jurado de Teatroxlaidentidad, un movimiento teatral que cuenta con el apoyo de las Abuelas de Plaza de Mayo, y que desde el año 2000 colabora en el proceso de restituir a los nietos que fueron apropiados ilegalmente durante la dictadura y todavía no saben la verdad sobre sus orígenes. Además de ser integrante del jurado, Torres Molina también presentó la obra *Sorteo*, en coautoría, en el marco de Teatroxlaidentidad en 2001. Asimismo, su obra *Esa extraña forma de pasión* (2010), reunida en este volumen, fue seleccionada para presentarse en el ciclo de 2011 de Teatroxlaidentidad.

Una de las constantes en el teatro de Torres Molina es su deseo de crear situaciones que atenten contra lo establecido y frustren el conformismo. Este

---

[1] El ciclo no tuvo lugar en 1984.

desafío a lo normativo se puede presenciar en una primera etapa de su dramaturgia en la que se empeña en darles voz y cuerpo a personajes femeninos. A principios de los 1980, Torres Molina sentía la necesidad de crear perspectivas femeninas que contrastaran con las representaciones estereotipadas de la mujer que entonces dominaban la escena teatral. En un sentido, el momento histórico fue su cómplice: la transición a la democracia en 1983 provocó una apertura cultural y una renovación de la escena teatral que generó diversas voces y facilitó la llegada de protagonistas antes silenciados/as que se oponían al sistema represivo. Si bien es cierto que toda la trayectoria teatral de Torres Molina muestra un compromiso con la temática de la mujer, es necesario enfatizar que su obra no se limita a las cuestiones de género referidas a la mujer. Por ejemplo, *Ella* (2005)—una obra que consiste en un diálogo emotivo entre dos hombres que comparten un banco en un sauna—es una investigación que se enfoca meticulosamente en la identidad masculina. Por la obra *Ella*, Torres Molina recibió el prestigioso Premio Trinidad Guevara otorgado por el Gobierno de la Ciudad de Buenos Aires en 2006.

La obra *Esa extraña forma de pasión* (2010) trata sobre la represión durante la época de la dictadura. A lo largo de las últimas tres décadas se ha acumulado un repertorio abundante de representaciones culturales sobre la dictadura. Por eso, este proyecto resultó ser un desafío particular para Torres Molina pues quería evitar caer en lugares comunes o reciclar perspectivas sobre la época ya estereotipadas. La obra se divide en tres situaciones: dos tienen lugar en el pasado, en la década de los 1970, y una en el 2010. Una de las situaciones del pasado presenta a una pareja de militantes jóvenes. La otra revela la complicada relación que tiene una joven detenida con sus captores. En la situación presente se produce un encuentro entre una escritora y un periodista cuyo padre fue desaparecido durante la dictadura. Al representar y alternar entre distintos registros temporales en el mismo espacio escénico, *Esa extraña forma de pasión* logra evocar las rupturas y continuidades que caracterizan la relación entre el pasado y el presente. La obra se enfoca en los personajes femeninos de cada situación para explorar el tema de la complicidad, "la culpa del sobreviviente" y el testimonio artístico. Lo novedoso no reside en el tratamiento de estos temas en sí, sino en la manera en que Torres Molina va revelando a lo largo de la obra cómo estas cuestiones, sobre todo la del colaboracionismo, no se pueden analizar sin tener en cuenta las relaciones de poder entre los géneros.

Brenda Werth
American University

Esa extraña forma de pasión

Susana Torres Molina

Personajes:

I. Situación: Sunset
Ciudad de Buenos Aires. Argentina. (1977)

Laura	25 Años
Carlos	36 Años
Miguel	40 Años

II. Situación: Los Tilos
Ciudad de Buenos Aires. Argentina. (1978)

Celia	20 Años
Paco	25 Años

III. Situación: Loyola
Ciudad de Buenos Aires. Argentina. (2010)

Manuel	32 Años
Beatriz	57 Años

Esa extraña forma de pasión se estrenó en Buenos Aires el 30 de enero de 2010 en el teatro el Camarín de las Musas (CABA) bajo la dirección de la autora y con el siguiente reparto:

Laura	Gabi Saidon, Verónica Hassan
Carlos	Emiliano Diaz
Miguel	Santiago Schefer
Celia	Fiorella Cominetti
Paco	Béla Arnau
Manuel	Pablo Di Croce
Beatriz	Adriana Genta, Silvia Dietrich

Contó con el apoyo de Proteatro y el Instituto Nacional de Teatro.

Nota de la autora/directora:

El espectáculo está armado a partir del ensamble de las situaciones: **Los Tilos, Loyola** y **Sunset**. En escena las tres están siempre presentes, desde el inicio. Cada una se desarrolla a partir de secuencias fraccionadas, de forma alternada o superpuesta con las otras.

Es un montaje complejo para exponerlo por escrito. El ritmo intercalado de cortes y cruces constantes entre los personajes de las historias hace que intentar transcribir la dinámica se vuelva riesgoso, y pueda dar como resultado una lectura confusa. Una expresión errónea del objetivo planteado y concretado en las representaciones.

Las tres situaciones fueron escritas y ensayadas de modo autónomo y el trabajo de cruzamiento se concretó en la última etapa de los ensayos, a partir de un guión de escenas que organicé, teniendo ya muy incorporado lo conseguido, con cada una de ellas, en los meses de exploración del material, junto a los actores.

En algunos casos tuve la necesidad de crear breves textos como nexos entre escenas, por diferentes razones prácticas, y éstos no figuran en esta versión. El armado de la estructura final fue producto de la investigación, de poner en acto los distintos factores en juego. Un trabajo con similitudes al montaje de edición audiovisual.

I. Situación: Sunset

Ciudad de Buenos Aires. Argentina. (1977)
Escenario:

Cuando el público entra a la sala, Beatriz está sentada escribiendo en su notebook[2], en el área derecha que corresponde a Loyola. *Durante toda la obra, de forma alternada, ella va a mirar algunas escenas que se suceden en* Los Tilos *y* Sunset *y luego va a continuar escribiendo. Por momentos, también, puede estar enfrascada en su escritura mientras sucede alguna escena. Esta alternancia ocurre cuando no está desarrollándose la situación de* Loyola.

---

[2] En Argentina se usa la palabra "notebook" para referirse a una laptop.

Centro clandestino de detención. *En la zona central del escenario se ve un escritorio, típico de oficina, encima, una lámpara regulable del mismo estilo, encendida. También se ve una pila de carpetas, un teléfono negro de discar. Dos sillas enfrentadas y una más en un rincón. En el piso hay diseminadas cajas de cartón por donde sobresalen libros. Sobre un estante un reproductor de música para casettes. Un juego de Scrabble. Vasos.*

1

Carlos y Miguel llevan trajes oscuros, camisas claras, corbatas neutras, zapatos negros.

CARLOS: ¿Por qué tarda tanto?
MIGUEL: Tranquilo.
CARLOS: Estoy tranquilo. Lo que no me gusta es esperar.
MIGUEL: Es una ocasión especial.
CARLOS: Para el caso, todas son ocasiones especiales. ¿Tu mujer?
MIGUEL: La paso a buscar en un rato. Tiene que acostar a los chicos. ¡Qué mujer! Me dice que no sabe cómo vestirse. Que quiere estar acorde a la situación. *(Mordaz)* ¡Acorde a la situación! *(Silencio)* ¿A dónde vamos a comer? ¿Al Club?
CARLOS: No. Ahí ya fuimos el año pasado, muy ruidoso. No se puede hablar.
MIGUEL: ¿Y tenés mucho para decir?
CARLOS: Sí.
MIGUEL: ¿Sí?
CARLOS: Yo no soy como vos.
MIGUEL: Ah, ¿y cómo soy yo?
CARLOS: Monotemático.
MIGUEL: Depende de las circunstancias. ¿Y, en qué sos tan diferente a mí?
CARLOS: En que enseguida me aburro.
MIGUEL: ¿Y, cuál es el problema?… cambiás. Está buena la judía. No es mi tipo, pero reconozco que está bien hechita.
CARLOS: ¿Ves?, con ella se puede hablar.
MIGUEL: Seguro, tiene la cabeza llena de esos libros de mierda. Así le fue.
CARLOS: Le fue y le va bastante bien.
MIGUEL: Sí, ya sé, *(Irónico)*, se está *recuperando*.
CARLOS: Así dicen.
MIGUEL: Entonces… vamos a la costanera. Ahí se respira. Corre aire. *(Entra Laura. Lleva un vestido corto escotado. Tacos. Se acerca a Carlos.)*
CARLOS: ¡Estás muy linda! *(La besa.)*
MIGUEL: Hola, muñeca. *(Laura lo mira a Miguel y le hace un leve gesto por saludo.)*
CARLOS: *(Observándola)* ¿Por qué no te maquillaste?
LAURA: No encontraba…
CARLOS: ¡Otra vez!… No importa, ahora te consigo. Estamos viendo dónde ir a festejar.

Miguel: Yo decía el Club.
Carlos: ¿La costanera?
Miguel: ¿San Isidro?
Laura: ¿El Tigre? *(Ambos la miran un instante.)*
Carlos: *(Le sonríe a Laura)* Lo siento, hoy no.
Miguel: ¿Entonces?
Carlos: Mejor vamos a la Costanera y después nos damos una vuelta por Sunset.
Miguel: Perfecto. *(Saluda con una especie de venia y sale. Carlos y Laura se miran durante unos instantes. Carlos, lentamente se le acerca, la besa y con suavidad le acaricia la mejilla, el pelo.)*
Carlos: ¿Me extrañabas?
Laura: Sí.
Carlos: ¿Qué hacías?
Laura: Me bañé y preparé la ropa. No fue fácil encontrar algo que me quedara bien.
Carlos: ¿Y antes?
Laura: Leía.
Carlos: ¿El que te regalé?
Laura: El de Jack London.
Carlos: ¿Leíste los cuentos del Ártico?
Laura: Sí, son muy impresionantes.
Carlos: Sabía que te iban a gustar.
Laura: Esa lucha tremenda… por la sobrevivencia.
Carlos: Y, eran condiciones durísimas, frío, hambre, soledad. Los lees y te desespera. No podés dejar de identificarte. *(Le toma la mano)* No te limpiaste bien las uñas.
Laura: No hay buena luz.
Carlos: Sabés que me gusta que estés impecable.
Laura: Lo sé.
Carlos: Entonces, esmerate.
Laura: Lo hago todo el tiempo.
Carlos: Mi amor, no pongas voz de víctima. *(Sonriendo)* ¡Por favor!
Laura: No es voz de víctima.
Carlos: ¿Ah, no? ¿Y qué es?
Laura: …….
Carlos: Ya sé, no te gustan las fiestas.
Laura: No.

Carlos: ¿Te deprimen? *(Laura asiente)* Pero, estás conmigo. *(Laura asiente)* ¿Y, entonces?
Laura: Tengo muchas ganas de saludar a mis padres.
Carlos: ¿Era eso? ¿Sólo eso? Cambiá la cara… los vas a saludar.
Laura: ¡Gracias!
Carlos: Me desconozco, ¿sabés?… por cómo te malcrío. *(Le toma el rostro entre sus manos. La mira fijo)* Para fin de año… te voy a llevar a ver a los papis. Nos quedamos un par de días. No te lo quería decir, era una sorpresa. Un regalo. *(La suelta)* Nos vamos el treinta y uno temprano. Pero… *(Acercando el dedo índice a su boca)* ¡shhhh! Hay mucha campaña en contra. Conviene hablar lo menos posible.
Laura: Yo leo. Un libro tras otro.
Carlos: Mejor. Total ya no hay mucho más para decir. *(Le acaricia la cara)* Mirá que linda estás desde que papá se ocupa de vos.
Laura: *(Retirándole la mano)* No soy tu nena.
Carlos: *(Agarrándola fuerte)* ¡Sí lo sos! Y porque lo sos deberías agradecer cada mañana al despertarte.
Laura: *(Irónica. Sonriendo)* ¿Agradecer cada mañana? ¿Por despertarme acá? ¿No te parece demasiado?
Carlos: Me gusta verte sonreír. Me gusta cuidarte. *(La mira hondo como se mira algo por primera vez)* Terminá de arreglarte y limpiate las uñas. En diez minutos salimos. Te quiero ver espléndida.

Quiero que cuando entremos al restaurante la gente nos mire y piense: ¡Qué linda pareja hacen esos dos! *(Laura comienza a reírse. Es una risa que va creciendo hasta la carcajada. Carlos se suma. Él la quiere agarrar, ella se escapa. Él la persigue alrededor del escritorio hasta que Laura se deja alcanzar. Carlos la atrae hacia él y se besan apasionadamente.)*

2

Carlos, Laura y Miguel están sentados y sobre el escritorio hay una botella de champagne abierta y tres copas. Los tres están con la misma ropa que antes, lo que da la idea de que acaban de retornar de la salida anterior. El aspecto de los tres denota un evidente desarreglo, los hombres ya no tienen puesto los sacos ni las corbatas, y Laura está descalza. Se nota en todos un leve estado de ebriedad.

Carlos: *(A Miguel)* Alicia baila muy bien.
Miguel: No tanto como tu chica. *(A Laura)* ¿Dónde aprendiste a bailar así?

Laura: Me gusta la música. Me dejo llevar.
Carlos: Ya amaneció.
Miguel: ¡Feliz navidad! *(Levanta su copa. Lo mira a Carlos)* Por nosotros, ¡lo más grande que dio esta tierra bendita! *(Miguel entrechoca su copa con la de Carlos. Laura queda con la copa en la mano. Suspendida. Es notorio su malestar. Miguel comienza a tararear una canción. Carlos le hace mimos a Laura, intentando paliar la evidente molestia. Se suma al tarareo de Miguel pero siempre pendiente de ella. Miguel se levanta y coloca un casette de música bailable en el equipo de música. Comienza a bailar solo mientras bebe de su copa de champagne.)*
Carlos: *(A Laura)* Mostrame cómo te dejás llevar.
Laura: Estoy cansada.
Carlos: Chiquita, no pienses que esto se va a dar seguido. Salir, bailar, tomar champagne… ¡Tenés que aprovechar el momento!
Miguel: *(A Laura)* No seas aguafiestas como Alicia. *(Mira el reloj)* En este preciso momento debe estar preparándole el desayuno a los chicos. *(A Carlos)* A veces, te juro, no tengo ganas de volver a casa. Aquí la paso mucho mejor.
Carlos: *(A Laura)* Vamos, bailá para mí. Por favor. Te lo estoy pidiendo por favor.
(Laura se incorpora y lentamente comienza a bailar. Se nota que le cuesta. Poco a poco se va soltando. Miguel continúa con su danza solitaria, mientras la observa con disimulo. Paulatinamente comienza a estar más pendiente de su presencia y en un momento se le coloca enfrente y comienza a bailar con ella. Al principio suelto pero después se le acerca y la toma de la cintura para bailar juntos. Carlos mira la escena, imperturbable, mientras bebe champagne. Miguel cada vez está más junto a Laura. Se nota que ella se resiste pero él la sujeta con fuerza. La abraza por la cintura.)
Carlos: *(Se levanta de su asiento y baja bruscamente el volumen de la música).* Hora de dormir.
(Miguel, contrariado, suelta a Laura y ésta se aleja de él. Carlos con expresión cansada le hace gestos con la mano despidiéndolo. Miguel, lentamente, toma su saco y corbata y se dirige a la salida. Antes de irse del todo le echa una última mirada a Laura. Ella a su vez lo mira fijo a Carlos.)

3

Carlos y Laura tienen apoyadas sus espaldas en la pared del fondo. Están a un par de metros de distancia.

Carlos: ¿Te gustó excitarlo?
Laura: No. Vos me pediste que bailara.
Carlos: ¡No con él. Te pedí que bailaras para mí. Me hacés quedar como un imbécil. Sos mi mujer!
Laura: ¿Por qué no me lo quitaste de encima?
Carlos: Me pareció que te gustaba. Sonreías.
Laura: Trataba de ser amable.
Carlos: ¿Amable?¿Con quién? ¡No conmigo!
Laura: En mi situación es difícil saber con quién, cuándo y hasta dónde tengo que ser amable.
Carlos: ¡No es nada difícil! ¡Es muy fácil! ¡Aquí el único que existe para vos, soy yo! ¡Yo soy tu hombre, los demás no existen! ¿Entendés? ¡No existen!
Laura: Entonces… ¡cuidame!
Carlos: *(Acercándose a ella)* Chiquita, no hago otra cosa.

4

Carlos y Laura continúan con la misma indumentaria, elegante y desarreglada.

Laura: Quiero llamarlos a mis viejos.
Carlos: A esta hora van a estar durmiendo.
Laura: Los despierto. A ellos no les va a importar.
(Después de una pausa claramente premeditada Carlos le señala el teléfono. Laura con expresión feliz se dirige al escritorio donde está el teléfono, lo descuelga.)
Carlos: Discá cero cinco primero. *(Laura disca)* Tranquilizalos… y mandales saludos de mi parte.
Laura: Hola, papá… sí, soy yo… sí, estoy bien, muy bien… acá estoy con Carlos… les manda saludos… vamos a ir para allá a pasar fin de año… sí, maravilloso… nos quedamos un par de días… claro, papá, muy contenta, muy… *(Se le quiebra la voz. Carlos se acerca y la mira inquisitoriamente. Ella se recompone rápidamente.)* Sí, yo también los quiero mucho… nos vemos prontito… no, no me pases con mamá, ahora no, sí, sí, rezo… besos a mamá, y a todos. *(Corta. Permanece unos instantes inmóvil.)*
Carlos: ¿Rezas?
Laura: No.
Carlos: ¿Y por qué le mentís?

Laura: No sé… Por amor.
Carlos: *(Riéndose)* ¡Por amor!
Laura: Vos también mentís por amor.
Carlos: ¿Yo?
Laura: Ahora, cuando vuelvas a tu casa… ¿qué vas a decir?
Carlos: Que estuve trabajando.
Laura: Pero no estuviste trabajando
Carlos: ¿Estás segura?
Laura: ¡Detesto esa clase de humor! *(Se levanta y camina como para irse.)*
Carlos: *(Tomándola del cuello y llevándola a caminar en círculos por el lugar)* Chiquita, quereme. Pensá que en pocos días vamos a estar todos juntos, en familia. Empieza un nuevo año y… esto es como… columpiarse a cincuenta metros de altura, sin red. Todos los días me pregunto si vas a aguantar sin soltarme la mano. No, no digas nada. *(La besa)* Hace mucho que no bailábamos. ¿Por qué? ¿Por qué no lo hacemos más seguido? Si a vos te gusta tanto. Soy un desconsiderado. ¿Te parezco un desconsiderado? ¿Un egoísta? ¿Un mal tipo?
Laura: Conmigo sos bueno.
Carlos: *(La mira unos instantes)* Sabés… no hay tipos buenos y tipos malos. Hay circunstancias buenas y circunstancias malas. Y a veces en circunstancias malas los tipos buenos deben hacer cosas malas. Y eso es lo que se debe hacer, eso es lo correcto… ¿Entendés? *(La mira fijo unos instantes, luego sonríe)* Me gusta mucho ir a Sunset con vos. Bailar bien juntos. Abrazarte fuerte. Me imagino una vida más tranquila. Los dos. Hasta me dan ganas de tener… *(Laura lo besa como para evitar que continúe. Él la abraza)* Seguí trabajando. *(Sale.)*

5

Laura, lleva puesto un pantalón, una remera y zapatos bajos, permanece de pie frente al escritorio. Miguel le acerca una silla y le hace una señal para que se siente al lado de él.

Miguel: *(Señalando los libros en las cajas)* ¿Leés las dedicatorias?
Laura: A veces.
Miguel: Yo sí las leo. Es una manera más de conocerlos. Tengo algunas seleccionadas. Por ejemplo… *(Busca entre una pila de libros sobre el escritorio. Toma uno. Lo abre en la primera página. Lee)* "A Adriana, el amor de mi vida. Tu sonrisa es mi faro en estos momentos. Por la pareja que somos. Por

la lucha que compartimos. Por la certeza que iremos hasta el final. ¡Hasta la victoria siempre! Tuyo, Eduardo". *(Breve silencio. Miguel la observa a Laura. Ella se mantiene impasible)* Hoy trajeron unos conocidos tuyos. *(Breve silencio)* ¿No te interesa?
LAURA: No.
MIGUEL: ¿No? ¿Qué raro? Me gustó bailar con vos la otra noche. ¿A vos?
LAURA: Estuvo bien.
MIGUEL: ¿Sabés?... un consejo de amigo. En estas épocas tan confusas, es bueno tener más de un palenque donde rascarse.
LAURA: Gracias. Lo tendré en cuenta.
MIGUEL: ¿Entonces, no querés saber quienes llegaron de visita? *(Sonriéndole)* De visita porque no se van a quedar mucho.
LAURA: ¿Sirve de algo?
MIGUEL: Pensé que el compañerismo entre ustedes era algo más... consistente. *(Observándola)* ¿Qué pasa? ¿Querés irte? ¿Estás tan apurada en volver a tu cucha?
LAURA: En realidad, sí. Me dieron mucho trabajo.
MIGUEL: Dicen que con vos se puede hablar... no me parece. Sabés, voy a ir al Tigre el fin de semana con mi familia. ¿Tus padres viven ahí, no? *(Laura asiente)* Voy a ir a navegar. Me gusta ver pasar las lanchas llenas de gente. Verlos saludando, felices y despreocupados. Si querés puedo hacer de mensajero. Pero nadie tiene que enterarse. Nadie.
LAURA: Gracias, pero no tengo ningún mensaje.
MIGUEL: ¿No? Deben ser una familia muy poco comunicativa. Claro, si no, no les hubiera salido una hija tan resentida, tan llena de rabia. *(Breve silencio)* Tengo puestos mis ojos ahí. *(La señala. Sonriendo)* No sé si para vos eso es una suerte... o una desgracia. *(Le hace un gesto con la mano para que se retire).*

(Laura avanza para irse pero él se interpone y le impide el paso. Ella hace un par de intentos de evadirlo pero él siempre se le ubica delante. Finalmente ella desiste y permanece inmóvil. Él la observa unos instantes. Vuelve a su escritorio. Ella sin mirarlo se va.)

6

Carlos y Laura juegan al Scrabble sobre el escritorio. Están sentados de modo que quedan enfrentados.

LAURA: No va, está mal escrita. Es sin hache.
CARLOS: Lleva hache.
LAURA: No.
CARLOS: Sí.
LAURA: Te digo que no.
CARLOS: ¿Estás segura?
LAURA: Segurísima.
CARLOS: Entonces, siempre la escribí mal. Claro, porque exhibición, exhorto… todas llevan.
LAURA: Exuberante, no. Busca otra
CARLOS: Mi viejo siempre decía, querés escribir, leé.
LAURA: *(Mirando alrededor)* Aquí hay libros de sobra.
CARLOS: Y tareas de sobra. A la noche leo tres párrafos y se me cierran los ojos. *(Se incorpora y camina por el lugar)* Ahora, ¿por qué ustedes leen tanto? ¿Por qué en todas las casas hay bibliotecas con montones de libros? ¿Qué les dan esos libros? ¿Qué encuentran ahí? eh, ¿qué encuentran?
LAURA: ¿Qué me estás preguntando?

7

Hay un mapa desplegado sobre el escritorio. Carlos y Laura lo están observando.

CARLOS: Lo bueno de tener un barco es que te sirve como hotel. Donde te gusta quedarte ahí lo fondeás.
LAURA: *(Señala un punto en el mapa)* Aquí por ejemplo.
CARLOS: *(Observando donde ella señaló)* St. Martin, está muy bien, es una isla mitad francesa, mitad holandesa. Y está cerca de las islas Guadalupe.
LAURA: Siempre quise ir a Martinica.
CARLOS: Yo… a Tahití. Primero a Bora Bora, tiene un paisaje impresionante, pasar después por Tahaa, bucear entre los corales, seguir a…
LAURA: *(Señala un punto)* ¡Cerdeña!
CARLOS: *(Observa)* ¡Sí, podemos hacer la costa Esmeralda, pasar por Córcega, y seguir a la Costa Azul,
Niza, las playas de Antibes, Saint Tropez… !
LAURA: *(Señala un punto)* ¡Acá me gustaría vivir!
CARLOS: *(Observa)* Palma de Mallorca. Está lleno de alemanes. Imaginate, trescientos días de sol al año.

LAURA: Ibiza está al lado, con el barco podríamos ir los fines de semana.
CARLOS: Mejor, nos tomamos un mes y recorremos las islas griegas en el mar Egeo... *(Señala)*
LAURA: ¡Mikonos...
CARLOS: ¡Delos, Andros, Santorini...!
LAURA: *(Señala un punto)* Aquí también me gustaría vivir. Río de Janeiro. *(Se endereza)* Bella ciudad* a vera do mar*. Mucho verde y flores y el cielo más azul de los azules. Un buen lugar para intentar ser feliz. *(Silencio. Ambos se miran durante un instante. Carlos dobla lentamente el mapa. Lo guarda.)*

8

Miguel lleva una silla al medio del espacio y le hace señas a Laura para que se siente allí. Ella le obedece. Miguel tiene un papel en la mano y mientras le habla camina alrededor de ella.

MIGUEL: Tus padres me dieron una carta para vos.
LAURA: ¿Estuviste con ellos?
MIGUEL: Toda una tarde. Tu mamá me convidó con tarta de manzanas. Apfelstrudel. Su especialidad, me dijo. Repetí tres veces. Ya me daba vergüenza. Me dijeron que vas a ir pronto a visitarlos.
¿Es así?
LAURA: ......
MIGUEL: Me contaron muchas historias de vos. Anécdotas. Lindas. Te quieren mucho. Aunque no estén de acuerdo en muchas cosas. En realidad, en nada.
LAURA: ¿Cómo están?
MIGUEL: Bien. Es gente amable. La verdad me sorprende que de esos padres...
LAURA: ¿Para qué fuiste?
MIGUEL: Para conocerlos. Para decirles que te quiero cuidar. Que puedo hacer mucho por vos. Que confíen *(Laura sonríe burlonamente)* Total, perdido por perdido... También les expliqué, para que se quedaran tranquilos, que nosotros somos igual que los médicos, curamos la infección antes de que se haga gangrena.
LAURA: ¿Me vas a dar la carta?
MIGUEL: No sé, no sé... hay algo tuyo que no me termina de convencer. Un dato, sé de varios muchachos que les gustaría mucho ser propietarios de esa

casita tan linda, con vista al río. Yo mismo sin ir más lejos. Y es tan fácil. Toc toc. ¿Quién es? Soy yo, señora, Miguel, traigo noticias de su hija. ¡Adelante, póngase cómodo! ¿Un poquito de Apfelstrudel?… Después, señora, en realidad hoy vine para otra cosa. Dígame, por casualidad, ¿la escritura de la casa… la tiene a mano? *(Miguel se acerca, se inclina, le susurra algo al oído, y se va.)*

9

Carlos está observando unas dichas que tiene en la mano y se dirige a Laura que está revisando libros de una caja

CARLOS: La verdad, no los entiendo, si para morir siempre hay tiempo. Siempre hay tiempo para eso. Son jóvenes. Casi todos tienen hijos pequeños. ¿Por qué tanta atracción con la muerte? ¿Tanta obsesión? ¿Qué les pasa? ¿No se animan a vivir? ¿A disfrutar? ¿A gozar de los pequeños y estúpidos placeres de la vida? ¿Les da culpa? ¿Culpa? ¿Culpa de qué? Arriesgan todo, todo, para salvar a quienes nunca les pidieron que los salvaran. *(Silencio. Laura, incómoda, se levanta para irse)*
Puedo pedir que me trasladen al exterior en alguna misión. No es difícil. Conservo mis influencias. Si estás de acuerdo mañana mismo empiezo a tramitar tu pasaporte. Pensalo, pero pensalo rápido. *(Laura se va yendo)* Chiquita… *(Laura gira.)*
CARLOS: Ya no queda nada. *(Se quedan mirándose unos segundos y luego Laura se va.)*

10

Carlos en el escritorio, revisando libros. Llega Miguel, agitado.

MIGUEL: ¡No sabés lo que fue! Imaginate, hacía media hora que se había largado la regata y de pronto comenzó un viento huracanado, y en una de las rachas nuestro barco tumbó. Al tumbar, Pancho nos gritó…
CARLOS: ¿Pancho era el capitán?
MIGUEL: Sí, en esa regata sí. Imaginate, las olas eran de dos metros. Martín, no sé por qué se soltó y se fue nadando a la popa pensando que se iba a agarrar

de ahí, pero justo el barco se enderezó y arrancó tan rápido que Pancho en el timón no lo pudo frenar… no lo pudo frenar.
CARLOS: ¿Y Martín? ¿Qué pasó con Martín?
MIGUEL: …….
CARLOS: ¿Pancho no hizo nada? ¿Lo abandonó como una rata en el medio del río para que se ahogara? ¡Lo mató, directamente, lo mató!
MIGUEL: Como Martín tenía salvavidas teníamos la esperanza de que iba a llegar a la costanera.
CARLOS: ¡¿Con olas de dos metros, agotado y congelado?!
MIGUEL: Sí, los del club dijeron que tendría que haber hecho mucho más.
CARLOS: ¡Tremendo cagón! Ese tipo no puede correr una regata nunca más. Y le tienen que quitar el carnet de por vida. Y la viuda le tiene que hacer un juicio. ¡Lo que hizo Pancho es criminal!

¿Y el cuerpo?… ¿apareció? *(Miguel niega con la cabeza)* Es posible que el río lo arrastre a la orilla. Viste que eso está pasando mucho. *(Breve silencio.)*
MIGUEL: Tengo acá *(Se señala los ojos)* la mirada de Martín cuando el barco arrancó y se quedó solo, en medio del río. Acá la tengo. No me la olvido más.

11

Carlos camina impaciente por el lugar. Laura lo observa.

LAURA: ¿Qué pasa?
CARLOS: Quiero saber qué decidiste.
LAURA: ¿Ahora?
CARLOS: Sí, ahora. *(Silencio)*
LAURA: Me amas… *(Carlos asiente)* Más que a tu propia vida… ¿Eso me dijiste?
CARLOS: Sí, te lo dije… pero… ¿a qué viene esto?
LAURA: Entonces… dejame ir.
CARLOS: ¿Cómo?
LAURA: Quiero elegirte, pero no puedo así, con tanto miedo encima.
CARLOS: *(Se le acerca)* ¿Me tenés miedo?
LAURA: Acá le tengo miedo a todo.
CARLOS: ¿Y qué es lo que querés?
LAURA: No estar en esta condición tan despareja. Necesito salir. Volver a ser yo… reconocerme en lo que digo, en lo que hago…

Carlos: ¿Y por qué haría eso? A ver, explicame, ¡¿por qué?! *(Golpeando el escritorio)* ¿Aquí quién se reconoce en lo que dice? ¿En lo que hace? Chiquita, decís que me amas pero me estás soltando la mano, eso es lo que estás haciendo ¡me estás soltando la mano!

Laura: No, no... Pero, ¿querés que siempre quede la sospecha de por qué te elegí?

Carlos: ¡No me importa!

Laura: ¿Convivir con esa sensación horrible?

Carlos: ¡Te digo que no me importa!, el tiempo termina aclarando todo.

Laura: ¿Y mientras tanto?

Carlos: No necesito más pruebas.

Laura: Pero yo sí. *(Alterada)* No entendés... no me entendés... ¡nunca me entendés!... *(Más tranquila)* ¡Por una vez, te podés poner en mi lugar! *(Silencio. Tiempo.)*

Carlos: ¿Cómo sería?

Laura: Dos meses. Un tiempo para estar sola. Después nos reunimos, y ahí vemos cómo... dónde.

Carlos: *(Irónico)* ¿Algo más? *(Laura, lo mira, seria. Silencio)* De verdad, ¿te parece... necesario? *(Laura asiente)* ¿Estás segura de esto? *(Laura asiente. Carlos se apoya en ella y lentamente se va dejando deslizar hasta quedar de rodillas. Le toma las manos a ella y se las sujeta por las muñecas. Apoya su cabeza en su vientre)* ¿Y si cuando estás libre cambiás de idea?... *(Silencio)* ¿Si me traicionás? ¿Si desaparecés? *(Silencio)* Me da mucho miedo perderte, ¿sabés? ¿Lo sabés? Chiquita...

12

(Laura está sentada sobre el escritorio frente a Carlos, que está sentado en una silla.)

Laura: Ha sido tan difícil... y tan fácil... y tan difícil. La primera vez que me tocaste, temblaba... pensé que de miedo, pero no. Me di cuenta que necesitaba tanto algo así, una mano en mi mano, sólo eso, que ya no quería moverme. Pensaba... por favor, que este instante crezca, crezca y lo tape todo. Que tape los gritos, las sombras, todo. *(Silencio)* Me mantuvo viva. *(Se pone de pie, parece que se va a acercar a Carlos pero detiene el impulso y se aleja rápidamente, casi corriendo.)*

13

Miguel y Carlos están sentados frente a frente, en el escritorio, jugando al Scrabble.

CARLOS: 24, triple palabra… ¡setenta y dos!

MIGUEL: ¡Me aburre!

CARLOS: Este juego sólo aburre a los analfabetos.

MIGUEL: ¡Dale, Borges! Si yo leo más que vos. Y ahora mucho más con este laburo que me tocó. *(Mira las cajas de libros en el piso)* Lástima que casi todo lo que llega son libros de psicología, sociología, filosofía, poesía… A mí me gustan las novelas, las policiales como las de Agatha Christie. Diez indiecitos, nueve indiecitos, ocho indiecitos… ¿A vos te parece que se necesitan tantos libros para entender la vida?

CARLOS: ¡Jugá, te toca a vos!

MIGUEL: Si todos queremos lo mismo, vivir tranquilos, querer, que te quieran, que tus hijos se sientan orgullosos de vos. ¿Y la judía? ¿Qué sabés? ¿Afuera se está portando bien?

CARLOS: No sé nada.

MIGUEL: ¿Nada?

CARLOS: Nada.

MIGUEL: ¿Nada de nada?

CARLOS: Nada de nada, ¿Qué pasa?¿No me crees? *(Se levanta, va hacia Miguel y ambos comienzan a hacer fintas de Box, y alternadamente se pegan con la mano abierta. Hay una actitud divertida pero también contenidamente violenta) (Separándose)* Ya te dije, me aburro fácil, eso es todo.

MIGUEL: Me sorprendés. Por cómo te jugaste por ella… pensé que estabas enganchado hasta la manija.

CARLOS: Estaba, pero ya pasó.

MIGUEL: Y… un momento de debilidad tenemos todos. Y aquí adentro unos cuantos. Cada vez hay más cruces. *(Están frente a frente.)*

CARLOS: Hablando de debilidad, necesito un cambio de aire. Pedí que me trasladen un tiempo al exterior. Alguna embajada, o consulado. *(Fríamente le da una cachetada) (Miguel se sorprende pero no reacciona. Sonríe)* Estoy cansado de todo este quilombo.

MIGUEL: Te voy a extrañar. *(Le da una cachetada a Carlos)* ¿Algún lugar en especial?

CARLOS: Podría ser España, *(Cachetada a Miguel)* Río de Janeiro, ese es un buen lugar…

Miguel: Hacés bien, si al final acá terminamos haciendo la misma vida de mierda que ellos, *(Cachetada a Carlos)* y así terminamos, hechos mierda como ellos...
Carlos: Por eso me quiero rajar. *(Cachetada a Miguel.)*
Miguel: Y, lo que es peor, enganchados con las minas de mierda de ellos. *(Cachetada a Carlos)* ¿Es gracioso, no?
Carlos: *(Cachetada a Miguel)* ¿Te parece?
Miguel: ¿Vos no eras el que decía que muchas cosas no estaban funcionando bien? *(Se separan)*
Carlos: *(Sonriendo, como si nada)* No, yo no. Nunca dije algo así. *(Va al escritorio, se sienta)* Vamos, jugá.
Miguel: Con vos no se puede hablar. *(Se sienta de mala gana)* Vos que decís tanto...
Carlos: ¡Jugá de una vez, Miguel!

II. Situación: Los Tilos

Ciudad de Buenos Aires. Argentina. (1978)

Modesto hotel alojamiento. (Hotel por horas sólo para parejas) En la zona derecha del escenario vemos una cama de dos plazas, dos mesas de luz con sendas lámparas pequeñas. Ambas están encendidas. Dos sillas. En el lateral izquierdo una ventana con las cortinas corridas. Vemos en el piso un bolso, y sobre una silla, una cartera grande tipo bolsa hindú, una campera y una chaqueta de gamuza.

1

Ubicados al extremo derecho de la ventana están Paco y Celia. Ella está detrás de él. Observan con disimulo hacia fuera. Ambos están vestidos de sport. Ella lleva pantalones. El aspecto de él es desaliñado.

Celia: Repasemos...
Paco: *(Le da un documento)* Ricardo... Ricardo Zalazar... me dicen Ricky. Somos novios desde hace dos meses. Nos conocimos en el bar Ramos. Se te cayó un libro y te lo levanté. Vivo con mis tíos en Floresta. No sabés bien dónde.
Celia: En Once, Rivadavia y Alberti, con una amiga, Marta. No viniste nunca.
Paco: Busco trabajo. Músico.

CELIA: Estoy en Letras. Ahora dejé. ¿Documento? *(Chequea con el documento que le dio Paco.)*
PACO: Cinco tres nueve cinco cero cero…tres.
CELIA: ¿Fecha de nacimiento?
PACO: Tres del nueve del cincuenta y dos.
CELIA: Bien. *(Alejándose de la ventana)* No me gustó como nos miraba.
PACO: *(Continúa observando)* ¿Quién?
CELIA: La encargada. Nos miraba mucho. Se supone que si una viene a este tipo de hoteles no es para que te miren.
PACO: *(Se aleja de la ventana)* El coche siguió de largo.
CELIA: ¿Y qué decís?
PACO: ¿De qué?
CELIA: De la mujer de la entrada.
PACO: Nada. ¿Qué podemos hacer? Ya pagamos. Si nos vamos ahora no nos queda plata para otro hotel. ¡Y yo no doy más! Ya van dos noches que duermo en colectivos.
CELIA: Últimamente… ¿no te pasa que todos, pero todos, te miran raro?
PACO: Es inevitable.
CELIA: ¿En algún momento afloja la paranoia? ¡Te acostumbrás y ya está!… ¿Pasa eso? *(Paco se encoge de hombros. Se sienta en la cama. Comienza a quitarse los zapatos, se afloja el cinturón.)*
CELIA: ¿Lo de tu hermana?… ¿Cómo lo llevás? *(Paco, serio, la mira fijo)* *(Mientras se saca sus botas)* Hay pocas oportunidades de hablar.
PACO: ¿Te parece?
CELIA: Hablar de lo que nos pasa.
PACO: ¿Y para qué?
CELIA: A mí me hace bien. Lo necesito.
PACO: Yo no.
CELIA: ¿Le contaste a alguien?…
PACO: ……
CELIA: ¿Lo de tu hermana?
PACO: *(De mal modo)* A mis viejos, claro.
CELIA: ¿A nadie más?
PACO: ¡¿Te parece momento para sociales?! Además… no quiero hablar de mis cosas. Me debilita. Me quita fuerzas. ¿Entendés?
CELIA: ……
PACO: ¡¿Entendés?!
CELIA: Entendí.

2

Paco: ¿Vos… sos de familia de plata, no?
Celia: Un poco.
Paco: ¿Un poco? Qué graciosa…
Celia: ¿Qué querés que diga?
Paco: No sé. Igual aunque lo quieras ocultar se te nota.
Celia: No lo quiero ocultar. No tengo ese complejo. Tengo otros, pero ese no.
Paco: Bien de pequeña burguesa.
Celia: ¿Qué?
Paco: Tener complejos.
Celia: También soy obsesiva, fóbica e hipocondríaca.
Paco: Nada más peligroso que un pequeño burgués en crisis. Peligroso y traicionero.
Celia: *(Desafiante)* ¿Hace cuánto que no te das un baño?
Paco: ¿Por qué? *(Se mira los pies)* Hay olor a…
Celia: Mucho. ¡Qué suerte que vos no tenés complejos!
Paco: Mirá, ahora estoy muy cansado para…
Celia: *(Apantallándose)* No importa. Ya me avisaron que esto no iba a ser fácil. *(Paco con aire de resignación y también un poco divertido por la situación, se levanta de la cama. Vemos que busca algo en el bolsillo de su pantalón y cuando gira tiene puesta una nariz roja de payaso.)*
Paco: *(Extiende los brazos en dirección a Celia. La imagen denota fragilidad)* Decime, ¿quién va a matar a un payaso? *(Luego gira y sale hacia el baño)* *(Celia toma los zapatos de Paco y los acerca a la ventana. Luego se recuesta en la cama, cierra los ojos. Respira hondo.)*

3

Celia, de golpe, se levanta de la cama y con movimientos rápidos se acerca a la ventana. Corre apenas las cortinas y mira de reojo. Queda inmóvil unos instantes observando hacia fuera, luego vuelve a la cama. Apaga la luz de su lado. Se recuesta y cierra los ojos. Paco reaparece en pantalón, la camisa semiabierta, descalzo, el pelo mojado y revuelto. Al verla a Celia se da cuenta de que está dormida. Camina tratando de no hacer ruido, se abotona la camisa y se recuesta en la cama muy suavemente. Apaga la luz de su lado. Al instante la vuelve a encender. Celia está sentada en la cama. Su expresión es tensa.

Celia: ¡Me dormí!

Paco: Está bien, relajate, para eso vinimos.
Celia: *(Levantándose de la cama)* Me dormí profundamente.
Paco: Sí, buenísimo.
Celia: No.
Paco: ¿No? ¿Por qué?
Celia: Porque… no.
Paco: ¿Qué te pasa? Vení, acostate.
Celia: *(Se sienta en el silloncito)* Dormí, dormí, yo me quedo acá.
Paco: Pero, ¡¿para qué vas a dormir ahí?! Es muy incómodo.
Celia: Está bien.
Paco: ¿Pensás que te voy a hacer algo?
Celia: No, no es eso.
Paco: *(Incorporándose)* Me acuesto en el piso. No tengo ningún problema.
Celia: No, ya te dije, está bien.
Paco: ¿Pero, decime qué es?
Celia: ¡Por qué no dormís y me dejás en paz!
Paco: Si hubiera sabido, no te pedía que vinieras conmigo…
Celia: No tenías mucha opción. ¿Qué otra compañera quedaba? ¡Era yo o yo!
(Silencio. Se miran fijo unos instantes)
Paco: ¿Dejo la luz encendida?
Celia: Sí. Este lugar no me da tranquilidad.
Paco: La calle está mucho peor. ¿Tenés a mano… ?
Celia: Sí… *(Paco se acomoda para dormir, da vueltas y vueltas en la cama. Celia permanece inmóvil, sentada, con los ojos abiertos.)*
Paco: ¡Me desvelé! *(Se sienta en la cama)* No me gusta nada que no confíes en mí. Nunca me aprovecharía de un momento así.
Celia: Lo sé.
Paco: Con las cosas que me están pasando en lo que menos pienso es en *eso*.
Celia: Lo sé.
Paco: Entonces, vení a dormir y dejá de hacerte la rara.
Celia: Soy rara.
Paco: Está bien, me rindo.
Celia: No digas eso.
Paco: Cómo si fuera tan fácil. *(Paco vuelve a acostarse.)*

4

(Paco, con los ojos cerrados, comienza a respirar profundamente, y luego a roncar, y lo hace cada vez más fuerte. Celia se levanta del sillón y se le acerca. Lo toca suavemente en el hombro.)

Paco: *(Se despierta sobresaltado)* ¿Qué pasa?
Celia: Ponete de costado.
Paco: ¿Por qué?
Celia: Roncás.
Paco: ¿Ronco?
Celia: Sí, ¿nunca nadie te lo dijo?
Paco: No. ¿Ronco fuerte?
Celia: Como una locomotora… a punto de descarrilar. *(Paco se ríe. Celia se sienta en la cama de espaldas a Paco. Éste, ahora de costado, se acomoda para seguir durmiendo.)*
Celia: Fui a una psicóloga.
Paco: ¿De las nuestras?
Celia: No.
Paco: *(Rápidamente se incorpora y se sienta)* ¡Eso es muy riesgoso! ¿Le contás?
Celia: Claro que no. Hablo de mis cosas. Hablaba. Hace un mes que no voy.
Paco: Pero… ¡¿te das cuenta?! Nos ponés en peligro a todos y también a ella.
Celia: ¿No me escuchás? Hablo sólo de mí, de mi familia. Y hace un mes que dejé de ir.
Paco: ¿Y para qué ibas? ¡Qué te pasa que es tan importante?
Celia: ……
Paco: En estos momentos las cuestiones personales quedan para lo último.
Celia: Es fácil decirlo.
Paco: No hay tiempo para eso.
Celia: Ya sé, ya sé. ¿Y qué pasa si no estoy de acuerdo?
Paco: ¿Ah, no estás de acuerdo? ¡Qué lindo ejemplo de disciplina el tuyo! Difícil va a ser construir algo nuevo con conductas como la tuya.
Celia: Yo también lo veo difícil.
Paco: Tu cinismo es… nocivo.
Celia: ¿No tenés miedo?
Paco: Sí, pero no me paraliza. Hago lo que tengo que hacer. Es así. Es así para todos.

Celia: ¿Alguna vez...?
Paco: ¿Qué?
Celia: ¿Mataste a alguien? *(Breve silencio)*
Paco: No preguntes, no cuentes, no dejes que te cuenten.

5

Celia camina por el lugar, intranquila.

Paco: Quedate quieta un poco. Me mareás.
Celia: *(Se detiene y lo enfrenta)* Recién cuando dijiste que soy complicada era porque no te daba la razón.
Paco: Lo único que falta es que en esta situación de mierda, nos peleemos.
Celia: Decime...
Paco: ¡Te digo que sos complicada porque sos complicada!
Celia: ¿Y, a ver, qué tiene de hombre nuevo tu conducta machista y prejuiciosa?
Paco: Mirá... lo único nuevo que yo tengo *(Se señala la sien)* son estas canas. Pero, ¡vos sí sos rápida para sacarme de las casillas *(Celia comienza a calzarse)*
Paco: ¿Qué hacés?
Celia: Me voy.
Paco: No podés.
Celia: ¿Querés ver cómo puedo?
Paco: Acá sólo permiten parejas.
Celia: Es tu problema.
Paco: Vas a cometer una falta muy grave.
Celia: ¿Quién me va a juzgar?
Paco: ¿Qué te pasa? ¿Querés abrirte?
Celia: ......
Paco: Seguro que la psicóloga colaboró.
Celia: ¡Nunca le conté nada!
Paco: *(Le corta el paso y forcejea para quitarle la cartera)* Es muy fácil meterse adentro de una cabeza con miedo. ¡Dale, hablá...!
Celia: *(Deja de forcejear con él)* ¿Vas a hacer un informe con lo que te diga?
Paco: No.
Celia: No te creo, pero da igual... Cada vez somos menos. De diez, siete, de siete, cuatro, de cuatro...

Paco: No se habla de replegarse, todo lo contrario.
Celia: ¡No me importa de qué se habla! Yo tengo ojos, oídos…
Paco: *(La interrumpe)* ¡No sigas!
Celia: Cada uno está tratando de salvarse como puede.
Paco: No es así. ¡No es así para nada!
Celia: ¿Y la conducción que se fue del país?
Paco: ¡Son decisiones políticas!
Celia: ¡Muy bien, mi decisión política es… que no quiero morir! *(Silencio.)*
Paco: Nunca tendrías que haber participado. No tenés motivación. Ni mística. Ni ideales. Sos lamentable. Sos la típica burguesita que juega… *(Celia toma su almohada y le pega con fuerza en la cabeza. Él se cubre y luego también toma su almohada y comienza una batalla violenta sobre la cama, y al caer Paco, la continúa desde el piso. Al inicio, la actitud de los dos es muy agresiva, pero luego comienzan a aflorar las risas. Terminan los dos sentados en el piso transpirados y agitados.)*
Paco: ¿Hicimos mucho ruido?
Celia: La gente que viene acá hace mucho ruido. *(Comienza a imitar un jadeo sexual, in crescendo.)*
Paco: ¡¿Qué hacés?!
Celia: Finjo. *(Retoma los jadeos mientras lo mira desafiante.)*
Paco: Hay algo erótico…
Celia: *(Se ríe)* ¿En esto?
Paco: No, no… en sentir que… de algún modo estamos haciendo la historia.
Celia: *(Decepcionada)* Ah… ¿Y si la estamos deshaciendo? ¿Es erótico también?
Paco: Te emperrás en ser desagradable.
Celia: Las armas son eróticas.
Paco: Te gusta hablar de armas, ¿Por qué?
Celia: *(Irónica)* No preguntes, no cuentes, no dejes que te cuenten. *(Se escuchan estallidos que vienen del exterior. Los dos cuerpos se tensionan. Paco se dirige a la ventana. Disimuladamente observa hacia fuera)*
Paco: Parecen petardos… o a lo mejor son balas. No me doy cuenta.

6

Celia: Tengo hambre.
Paco: Llamo y encargo unas ostras con champagne.
Celia: ¡Me encanta!

Paco: ¡Decadente!
Celia: ¡Revolucionario de manual!
Paco: ¡Gorila!
Celia: ¡Vende patria!
Paco: ¡Ya vas a ver el informe que voy a pasar!
Celia: ¿Y adónde lo vas a enviar? ¿A Paris? ¿A Madrid? *(Paco le va a contestar pero desiste. Luego va a su bolso y encuentra un paquete con algunas galletitas. Se lo ofrece. Celia se las come todas mientras Paco la observa)*
Paco: *(Al ver que termina el paquete)* Gracias, no insistas. Estoy inapetente.
Celia: *(Con la boca llena)* Pensé que no tenías hambre como las tenías guardadas.
Paco: Un verdadero ejemplo… de individualismo burgués. La decadencia moral se verifica rápidamente en los detalles cotidianos. Y sucede que…
Celia: *(Lo interrumpe)* Suficiente.
Paco: … la alienación es tal que rara vez el individuo es consciente de su conducta cruel y egoísta, por eso…
Celia: *(Lo interrumpe con más decisión)* ¡Suficiente!
Paco: … cuando el burgués tiene apetito el obrero tiene hambre, cuando el burgués tiene sueño el obrero tiene cansancio, y por eso están dadas las condiciones…
Celia: *(Casi gritando)* ¡¡Suficiente!!! *(Se miden con la mirada)*
Paco: Por ahora.
Celia: Sé que no estoy bien… pero soy buena.
Paco: ¿Para qué?
Celia: Para lo que me proponga.
Paco: Ese es el punto. ¿Qué te proponés?
Celia: Vivir. Guardarme un tiempo. Cuando pueda seguir estudiando, terminar la carrera. Quiero volver a tener otras opciones.
Paco: ¿Ya te olvidaste de querer "otras opciones" para los demás?
Celia: Así como estoy, no puedo pensar más que en mí. Apenas en mí… *(Ahí Paco le hace una señal de que haga silencio. Los dos escuchan pasos que se acercan. Paco se dirige a donde está su bolso. Introduce la mano y la deja ahí. Ella va hasta su cartera. La abre. En ese punto quedan inmóviles. Sólo escuchando. Luego de unos segundos, los pasos se alejan.)*
Celia: *(En voz baja)* Voy a llorar.
Paco: ¡No!

7

CELIA: La revolución puede ser un argumento muy seductor para una mujer.
PACO: ¿Qué decís? Nuestra moral justamente se basa en la fidelidad. La fidelidad como principio. A la pareja, a los compañeros. Si se es infiel a algo se puede ser infiel a todo. *(Silencio.)*
CELIA: Mi hermano…
PACO: ¿Qué?
CELIA: Lo quería matar.
PACO: ¿Por qué?
CELIA: Era… diez años mayor, y un violento.
PACO: ¿Y?
CELIA: Imaginate el resto.
PACO: ¿Era?… ¿Murió?
CELIA: Cayó.
PACO: ¿Era uno de los nuestros?
CELIA: Sí, *(Irónica)* uno de tus hombres nuevos. *(Paco se acerca y la zamarrea fuerte.)*
PACO: ¡Tu historia no te da derecho a destilar veneno sobre lo más sagrado! ¡¿Qué querés?!
CELIA: ¡No quiero dormir!
PACO: ¡¿Qué querés?! *(La suelta.)*
CELIA: ¡No quiero dormir! Puede ser nuestra última noche.
PACO: ¿Y la querés pasar así, peleando como enemigos?
CELIA: Es mejor que dormir. *(Se miran fijo.)*

8

Paco se acerca a la ventana, corre apenas las cortinas y observa la calle.

PACO: *(Hablando en voz baja)* Estacionó un coche en la vereda de enfrente. No distingo cuántos son. Está muy oscuro. Alcanzame mis zapatos, preparate vos también. *(Celia, nerviosa, le alcanza los zapatos. Paco, sin dejar de mirar por la ventana, se calza. Ella guarda en el bolso y en la cartera todo lo que previamente habían sacado. Los siguientes textos son dichos en voz baja)* Siguen adentro del coche. *(Silencio expectante.)*
CELIA: ¿Siguen ahí?
PACO: Sí. *(Silencio.)*

Celia: *(Ansiosa)* ¿Viste *La batalla de Argelia*?
Paco: Tres veces. Pero a mí lo que más me gusta es escribir. Cuentos, poemas… *(En referencia a lo que ve en la calle)* Ahí salen. Es una pareja, parece que están discutiendo… él cierra el coche… viven justo enfrente… abre la puerta… ya está. *(Se aleja de la ventana)*
(Celia respira hondo. Tira su cartera sobre la cama.)
Celia: *(Retoma el tono normal de voz)* ¿Qué pasa con los que se llevan?
Paco: A algunos los tienen un tiempo y después los largan.
Celia: ¿Y a los que no largan?
Paco: No sé. Por eso lo mejor es que no te agarren viva.
Celia: Le tengo mucho miedo a la tortura. No sé cómo reaccionaría. Hace días que no duermo más de dos horas. Ya adelgacé tres kilos. Me salen erupciones por todo el cuerpo. Pero lo peor de todo es que… ya no siento eso que sentía y que era tan fuerte. *(Paco la mira interrogante)* Esa alegría, esa fantástica alegría de… de ser muchos, de querer lo mismo… esa pasión… Sentir que tocábamos el cielo con las manos.
Paco: Son momentos diferentes…
Celia: Este no me gusta. *(Con voz casi inaudible)* No me gusta… no me gusta. *(Se sienta en la silla y se toma la cabeza con ambas manos.)*

9

Paco: *(Saca un papel estrujado de adentro del paquete de cigarrillos)* Celia, mirá, es del viejo. *(Se acerca a Celia. Lee)* "La guerra revolucionaria en que estamos empeñados se intensificará cada día y no hemos de parar hasta liberar la patria… Esa hora que no puede estar lejana será de ustedes, *(La mira)* los jóvenes… que lo dieron todo por ese destino y que merecen por ello el bien y el agradecimiento de la propia patria." *(Se miran unos instantes. Paco guarda el papel nuevamente en el paquete.)*
Celia: *(Irónica)* No se me ocurre cómo puede ser el agradecimiento de la patria. Me contaron que a un compañero le dijeron: "Si te morís no importa, cuando triunfemos va a haber una escuela con tu nombre."
Paco: *(Siguiendo el juego)* ¡Una escuela con mi nombre!… No está mal. *(Celia comienza a reírse. Hay también amargura en su risa. Él se contagia. Se nota la necesidad de una descarga de tensión.)*
Paco: ¿Sabés a qué le tengo terror?
Celia: ……

Paco: A que me agarren en cueros durmiendo. Por eso hace meses que duermo vestido.
Celia: ¿Y también tenés terror a que te agarren mientras te bañás? *(Paco sonríe. Luego va al bolso, busca y trae una libreta negra.)*
Paco: Se me acaba de ocurrir una idea para un cuento. Ya tengo el título. *(Saca del bolsillo del saco un lápiz y comienza a escribir)* "Lo que espera detrás de la luz."
Celia: ¿La sombra?
Paco: No, es otra cosa.
Celia: ¿Cómo es la idea?
Paco: *(Se sienta en la silla)* Shhhh, no quiero que se me pierdan las imágenes. *(Paco, concentrado, escribe. Celia lo observa unos instantes, luego va a su cartera, y vuelve con su libro. Se sienta en la silla y lee.)*

10

Paco está sentado en un costado de la cama. Tiene la libreta y el lápiz en la mano. Piensa y escribe.
Celia: *(Deja de lado el libro. Se incorpora. Tensa.)* La última resolución que enviaron habla de uniformes militares para todos. Celeste y azul. ¿Cómo vamos a escondernos entre la gente usando uniformes? Explicámelo. ¿Ellos saben realmente lo que está pasando acá? ¿En qué condiciones estamos? ¿Lo saben? Porque si lo saben…
Paco: *(La interrumpe)* En esta etapa de la resistencia ya no hay cabida para cuestionamientos…
Celia: ¿Cuál es el orgullo de morir aplastados como moscas?
Paco: *(Burlón)* ¡Qué comparación más denigrante!
Celia: La gente no está con nosotros. No nos acompaña. No quiere ser parte de esto.
Paco: *(Intenta interrumpirla)* Tu visión…
Celia: Nos tiene miedo. Desconfía. Y a lo mejor tiene razón. ¿Nos estamos jugando realmente por sus necesidades… o sólo por nuestras ideas maravillosas?
Paco: Tu visión está distorsionada por el miedo. Por eso, no tiene ninguna validez lo que estás diciendo.
Celia: ¡Pasan cosas terribles en las calles, dentro de las casas, pero nadie ve ni escucha nada!
Paco: ¡También hay mucha ayuda en las calles y dentro de las casas!

CELIA: ¡Cosas tremendas… y sin embargo la mayoría de la gente sigue su vida como si nada!
PACO: ¡Hay un punto… en que es difícil volver atrás! Y si lo hacés corrés el riesgo de que te explote… *(Se golpea el corazón)* En serio. Lo he visto. Y esa tampoco es una muerte para estar orgulloso.

11

Paco está sentado en la silla mirándose en un espejito de mano y Celia está sentada en la cama.

PACO: ¿Cuando no querías compartir la cama era por lo de tu hermano?
CELIA: …….
PACO: ¿Nunca estuviste con nadie… ?
CELIA: …….
PACO: Podés vengarte.
CELIA: Ya es tarde.
PACO: No, podés vengarte tratando igual de estar bien. Que no te quite las fuerzas, el entusiasmo.
CELIA: ¿La pasión?
PACO: La pasión *(Silencio.)*
CELIA: ¿Por qué no me enseñás?
PACO: ¿Cómo?
CELIA: Sólo quiero sentir algo… que no sea miedo ni odio. Nunca le conté a nadie.
PACO: ¿Nunca?… ¿A nadie? *(Celia asiente)* Me confundís.
CELIA: Vos también. *(Paco va a la cama y se sienta junto a Celia.)*
PACO: *(Mirándola con ternura)* Vení, vení. *(Celia se acerca a él y delicadamente se recuesta sobre el pecho de Paco. Él le acaricia el pelo con suavidad. Silencio.)*
CELIA: Me hace bien.
PACO: A mí también.
CELIA: Podés ser dulce.
PACO: Claro. ¿Qué pensabas?
CELIA: Que podías. *(De golpe Paco comienza a llorar, se nota que hace esfuerzos por controlarse pero no lo logra. Celia lo abraza fuerte. Paco se afloja. Luego, aún sollozando él se acuesta en posición fetal, dándole la espalda a Celia. Ella se ubica detrás, acoplando su cuerpo al de él. Lo abraza y él le toma fuerte las manos. Quedan con los cuerpos pegados en esa posición.)*

12

Ubicados ambos en el extremo derecho de la ventana. Celia está detrás de Paco. Observan con disimulo hacia el exterior.

CELIA: Repasemos…
PACO: *(Le da un documento)* Ricardo… Ricardo Zalazar… me dicen Ricky. Somos novios desde hace dos meses. Nos conocimos en el bar Ramos. Se te cayó un libro y te lo levanté. Vivo con mis tíos en Floresta. No sabés dónde.
CELIA: En Once, Rivadavia y Alberti, con una amiga, Marta. No viniste nunca.
PACO: Busco trabajo. Músico.
CELIA: Estoy en Letras. Ahora dejé. ¿Documento? *(Chequea en el documento que le dio Paco.)*
PACO: Cinco tres nueve… cinco cero cero tres.
CELIA: ¿Fecha de nacimiento?
PACO: Tres del nueve del cincuenta y dos.
CELIA: Bien. *(Se aleja unos pasos, vuelve)* ¿Signo? *(Paco la mira desconcertado)* ¿De qué signo sos? *(Silencio. Paco se encoge de hombros, impotente.)*
CELIA: *(Alterada, con bronca. Tirando el documento en la cama)* ¡Mierda!

III. Situación: Loyola

Ciudad de Buenos Aires. Argentina. (2010)

Living de la casa de Beatriz. En la zona izquierda del escenario vemos un par de sillas. Frente a ellas hay una mesa ratona, encima un pequeño grabado de periodista, y libros. También hay más libros desparramados por el lugar. Incluso en el piso hay una caja con libros. Atrás de las sillas una lámpara de pie, encendida.

1

Beatriz ordena a unos libros en la mesa ratona. Manuel está con un libro en la mano.

MANUEL: ¿Y con este libro… fue el mismo proceso?
BEATRIZ: No. Fue atípico. Estuve más de un año sin escribir…

MANUEL: Un año?... Un momentito, por favor quiero chequear *(Enciende el grabador. Se escucha la voz de Beatriz. Luego apaga* play *y pone* rec*)* Se escucha bien.

BEATRIZ: *(Dándole un par de libros)* Estos son los dos anteriores. Están dedicados.

MANUEL: Muchas gracias. *(Mientras los observa)* Muchos de los protagonistas de sus cuentos deciden recluirse, alejarse de los demás... ¿Tiene alguna relación con sus vivencias?

BEATRIZ: Es posible que cada libro coincida con cierta etapa de mi vida.

MANUEL: ¿Actualmente vive una etapa de reclusión?

BEATRIZ: ¡Es evidente que no!

MANUEL: ¿Entonces, quizá tiene que ver... con que usted es una sobreviviente? *(Breve silencio.)*

BEATRIZ: Puede ser.

MANUEL: En qué le parece que esa experiencia la marcó...

BEATRIZ: *(Interrumpe)* Preferiría que seguiríamos hablando del libro.

MANUEL: ¿No quiere hablar sobre eso?

BEATRIZ: Lo que tenía que decir ya lo dije. *(Enérgica)* Y, también de algún modo lo escribí, si se sabe leer.

MANUEL: *(Acusa recibo del tono cortante)* ¿Nunca se animó con la poesía?

BEATRIZ: ¿Quién no? Pero no me considero una poeta.

MANUEL: *(Saca una foto de su bolsillo del saco. Se la muestra)* Mi padre. *(Se la ofrece)* Escribía. Cuentos, poemas. Tenía libre un minuto y sacaba su lapicera y donde estuviera escribía en su libreta. Podía haber sido bueno. No tuvo tiempo.

BEATRIZ: *(Mirando la foto)* Tiene una cara conocida. O me recuerda a alguien...

MANUEL: Bueno... parece que en esa época todos los que militaban tenían... un aire de familia, ¿no?

BEATRIZ: *(Se percibe el impacto ante la palabra "militaban")* Sí, puede ser. ¿Y por qué me la mostrás? *(Se la devuelve.)*

MANUEL: Porque mi viejo sí se consideraba un poeta. Y no sólo porque escribía poemas. Su vida estaba encendida. No lo conocí pero leí sus libretas, las que se pudieron rescatar, y lo vi en muchas fotos. Tenía una mirada... afiebrada. Todas las versiones concuerdan, era...

BEATRIZ: *(Interrumpe)* Según tu criterio... ¿cuál de los tres libros tiene mayor contundencia? *(Manuel, con cierto esfuerzo y disimulada molestia, se adapta al brusco giro de tema)*

Manuel: El último. Es el más espeso, pero... también es el que trasmite más verdad. Son historias en donde se nota que conoce a fondo lo que cuenta. Incluso que hay mucho más material del que usted elige contar.
Beatriz: La famosa teoría de Hemingway, la del iceberg... *(Silencio. Se observan)* ¿A quién viniste a hacerle la entrevista?

2

Manuel: ¿Escribió mientras estaba exiliada?
Beatriz: Llevaba una especie de diario. Anotaciones sueltas. Algunas ideas después me sirvieron para los relatos.
Manuel: ¿Cómo encontró el país?
Beatriz: En muchos sentidos, peor. Muchas cosas que luchamos tanto por erradicar, estaban.
Manuel: Y no sería lo peor.
Beatriz: ¿No?
Manuel: Nosotros estamos hablando acá, teorizando de literatura, del país, como tantos otros lo hacen...
Beatriz: Sí...
Manuel: Mi padre... no tiene esa posibilidad.
Beatriz: ¿Por eso viniste a entrevistarme?
Manuel: No, o por lo menos no es esa la razón principal. Soy un seguidor de su obra. Desde el primer libro.
Beatriz: *(Con ironía)* Me alegra oírlo.
Manuel: Ahora... si me pregunta si soy un seguidor de su obra exclusivamente por una cuestión literaria... no lo sé.

3

Manuel: Tengo muchas preguntas todavía.
Beatriz: Espero que sean sobre literatura.
Manuel: Todo termina siendo literatura.
Beatriz: Manuel, ¿es tu nombre, no? Sabés, el espacio de escritura es para mí... lo más parecido a un oasis. Y no tengo interés en que volvamos, una y otra vez, a hablar de ese tema. ¿Está claro? *(Instante tenso.)*
Manuel: Sí, claro. *(Mostrándole nuevamente la foto)* Una vez mi viejo viajó a Mar del Plata. ¡Y eran ocho en ese Peugeot 404! *(Sonríe. Luego mirando la foto)* Veintisiete... tenía cuando murió... cuando se lo llevaron. Así que

ahora soy mayor que él. Es raro saber que aún siendo joven, ya viví más que mi padre.

BEATRIZ: Muchas cosas son raras. Por eso escribo. Para tratar de entender.

MANUEL: De él sólo me quedaron algunas libretas y papeles sueltos que mamá pudo guardar. Muy poco, en realidad. Es una herencia que me hubiera gustado tener. *(La observa)* Usted que parece una persona comprensiva… hace rato que le quiero preguntar algo… ¿Por qué las elecciones eran Patria o Muerte? ¿Socialismo o Muerte? ¿Revolución o Muerte?… Muerte… muerte… muerte…

BEATRIZ: No éramos una banda de suicidas, si eso es lo que pensás. Al contrario, estábamos tan llenos de energía, de entusiasmo… de ganas de cambiarlo todo, que nos sentíamos… invencibles.

MANUEL: Mamá le pidió, le rogó que se fuera del país con ella. No quiso. Ya estaba embarazada de mí.

BEATRIZ: Para muchos les era imposible pensar en irse y abandonar a los compañeros en situaciones tan difíciles.

MANUEL: Pero sí podían abandonar a su mujer embarazada.

BEATRIZ: Lo personal no contaba en esos momentos.

MANUEL: *(Mordaz)* ¡Es evidente!

BEATRIZ: ¿Querés que te siga contando?

MANUEL: Sí…

BEATRIZ: También estaban los que creían que las cosas iban a mejorar y entonces, querían quedarse y resistir, después de haber sacrificado tanto por el camino.

MANUEL: Ahí apareció la famosa palabra… ¡sacrificio! ¿Qué… qué dios exigía tanto? *(Camina inquieto por el lugar)* Hasta ahora no había querido acercarme a todo eso. Creí que… imaginé que si evitaba pensar en él, ya que no lo había conocido, que no tenía ningún registro corporal, ni de su tacto, ni de su voz, no había nada compartido, si evitaba poner la atención en ese preciso compartimento de mi cerebro, finalmente las sensaciones se iban a diluir. Pero no. A nadie conocido y amado extrañé y extraño tanto como a esta sombra que está siempre ahí, al lado mío, pase lo que pase. ¿Y qué se puede hacer con una sombra?

4

BEATRIZ: Escuchándote, pienso que hicimos algunas cosas muy mal. Que hay algo que no pudimos transmitir y que si hoy, acá, alguien hablara seriamente, con convencimiento, de hacer la revolución, lo medicarían.

Manuel: Exagera un poco.

Beatriz: *(Sonriendo)* Para los que tienen ahora veinte años, o menos, hablar de la lucha armada de los setenta es como… hablar de las invasiones inglesas. El aceite lanzado desde las azoteas. Las familias escapando por las azoteas.

Manuel: ¿Y para los de su generación?

Beatriz: Y… esa época quedó asociada al terror y a la represión. Hicieron un buen trabajo.

Manuel: ¿Por qué no quiere hablar de su experiencia? ¿Por qué habla sólo de los otros?… ¿De los que no podían irse por culpa, o porque seguían creyendo? ¿Y, usted?

Beatriz: Ya dije todo lo que tenía para decir. Si tanto te interesa mi pasado investigá en los archivos. Ahí está todo. ¿Volvemos al libro?

Manuel: ¿Se puede separar tanto? ¿Su escritura? ¿Su vida?

Beatriz: Mi vida también es lo que escribo.

Manuel: No cualquiera ha pasado…

Beatriz: *(Molesta)* Si no tenés más preguntas dejamos acá…

Manuel: ¡Claro que tengo! Por favor, seguramente no va a haber otra oportunidad…

Manuel: ¿Influencias?

Beatriz: Ah, ahora toca eso…

Manuel: En serio, me interesa mucho saber qué escritores la marcaron.

Beatriz: Difícil responder a eso.

Manuel: ¿Por qué?

Beatriz: Soy tan curiosa como permeable. Así que… tuve innumerables influencias.

Manuel: ¿Una?

Beatriz: Beckett… Arlt… Flannery O'Connor

Manuel: ¿A quién está leyendo ahora?

Beatriz: ¿Sabés?…

Manuel: ……

Beatriz: Lo que decías… de la sombra… justamente estoy escribiendo algo que… *(Se nota que duda de seguir hablando)* No, no importa.

Manuel: Sí importa, dígame…

Beatriz: No, no, fue una asociación que hice… *(Breve silencio)*

Manuel: "Siniestro delirio amar una sombra." ¿Lo conoce? *(Beatriz niega con la cabeza)*
Siniestro delirio amar una sombra
La sombra no muere.

Y mi amor sólo abraza a lo que fluye
como lava del infierno:
ángeles bellos como cuchillos
que se elevan en la noche
y devastan la esperanza.

Alejandra Pizarnik.

BEATRIZ: *(Busca en una pila de carpetas y papeles)* Por acá tengo unos textos inéditos de ella.
MANUEL: ¿Inéditos? ¡Me interesa! *(Beatriz le entrega unos papeles.)*

5

MANUEL: *(Devolviéndole los papeles)* Gracias... excelente. A ver... en sus últimos textos se respira mucha violencia contenida. ¿Está de acuerdo?
BEATRIZ: Sí, para mí lo contenido es mucho más inquietante que... lo que explota y luego se diluye.
MANUEL: ¿Siempre es así?
BEATRIZ: Se pueden olvidar las causas de la explosión, pero las consecuencias van a seguir allí. Es un muy buen tema sobre el cual escribir.
MANUEL: ¿Por qué no hay cuentos de esa época?
BEATRIZ: ....
MANUEL: De la militancia.
BEATRIZ: Explícitamente, no. Por otro lado, todas las épocas en este país han sido atravesadas por la violencia.
MANUEL: Hablo de armas.
BEATRIZ: ¡Hablá de hambre!
MANUEL: ¡Hablo de armas!
BEATRIZ: ¿Crees que es posible que una sociedad, injusta e indiferente, se pueda cambiar sólo con palabras?
MANUEL: Si no cree que las palabras puedan cambiar a alguien ¿para qué escribe?
BEATRIZ: Escribo para mí. Hace rato que no quiero cambiar a nadie.
MANUEL: Disculpe, pero no le creo. Si escribe y publica y hace notas para promocionar sus libros, es porque todavía espera algo de los otros.
BEATRIZ: No, no es eso.
MANUEL: ¿Y qué es?
BEATRIZ: La escritura me da la posibilidad... de zurcir... ciertos agujeros.

6

Beatriz: ¿Sabés dónde está el cuerpo de tu padre?
Manuel: No.
Beatriz: ¿Intentaste buscarlo?
Manuel: No.
Beatriz: ¿No querías saber?
Manuel: No.
Beatriz: ¿Por qué ahora?
Manuel: ¿Por qué ahora?... Porque ahora puedo.

7

Manuel: Hay un cuento suyo que habla de una mujer que decide construir su propia cárcel...
Beatriz: Sí, "La inversión de la prueba."
Manuel: Y es al mismo tiempo presa y carcelera.
Beatriz: Se impone reglas muy estrictas. Y así parece alcanzar cierto estado de calma. En la soledad...
Manuel: Y en el sometimiento.
Beatriz: Ese cuento alude a la experiencia de la entrega.
Manuel: ¿En qué sentido?
Beatriz: En el poder confiar... cuando no se puede hacer ninguna otra cosa. Cuando resistirse es sólo más dolor.
Manuel: ¿Cuánto tiempo estuvo ahí...? *(Silencio.)*

8

Beatriz: Poco menos de un año.
Manuel: ¿Cómo era?
Beatriz: ......
Manuel: Cuénteme...
Beatriz: ......
Manuel: Quiero saber. Dicen que mi padre fue visto ahí.
Beatriz: ¡Ah, recién ahora me lo decís! Está clarísimo a quien viniste a hacerle la entrevista.
Manuel: ¿Entiende que mi padre fue visto ahí? Por favor, dígame, ¿cómo era? *(Silencio. Se miran fijo un instante.)*

BEATRIZ: Me hacés hablar de lo que no quiero hablar.
MANUEL: Por favor… *(Silencio.)*
BEATRIZ: Era… un mundo con reglas y leyes propias. Un mundo… complejo, siniestro, muy próximo al otro. Sólo unas paredes de por medio. Escuchábamos los coches pasar, la música de los bailes, los gritos de los que iban a ver el partido. Los sonidos, los de adentro y los de afuera… eso era muy difícil de soportar. *(Breve silencio)* En la pared del lugar donde dormía había puesto una foto de una playa, ésas donde el mar es turquesa, y hay muchas palmeras. La había arrancado de una revista. Era lo primero que miraba cada mañana al despertarme, y me daba mucha paz saber que ese lugar existía. Que ese mundo también era real. Y antes de empezar con las tareas me acercaba a la foto y acariciaba el mar una y otra vez. Era mi ritual para sentir que ese día iba a estar bien.
MANUEL: Y por lo visto le funcionó, estuvo bien… para usted. *(Silencio. Se miran desafiantes unos instantes)*
BEATRIZ: *(Dolida)* ¿Por qué me agredís cuando acepto y me abro? Si lo hice es porque sos el hijo de un compañero, pero yo también tengo mi dolor. ¡Respetame!
MANUEL: Disculpe.
BEATRIZ: Dos heridas… que… *(Cambia de idea)* Quiero que leas algo. *(Le da una carpeta)* Lo escribí cuando me liberaron. *(Manuel toma la carpeta, se sienta y se dispone a leer.)*

9

MANUEL: *(En referencia a lo que está leyendo)* ¡Qué increíble lo que cuenta de los libros! ¿Y usted qué hizo con los suyos?
BEATRIZ: ¿Qué hice? Después de pensar mucho decidimos que la mejor manera era sumergirlos en una bañadera llena de agua para hacerlos una pasta. Y como vimos que todavía algo se leía le agregamos anilinas de diferentes colores. Horas chapoteamos aplastando los libros. Nos pusimos unos plásticos en los pies para no quedar manchados. Cuando se secó la pasta, la pusimos en bolsas. Durante mucho tiempo sacamos una bolsa cada noche a la vereda.
MANUEL: ¿Y los perdió a todos?
BEATRIZ: Sí… los ahogué. Cada palabra…

10

Manuel: Sabe, mi madre eligió los libros que más le importaban y los metió en varias bolsas de plástico, cavó un pozo en el jardín y los enterró. Arriba plantó un rosal blanco para que sirviera de señal… Cuando se tuvo que ir del país, al tiempo, a la casa la vendieron y donde estaba el jardín construyeron. Más adelante a muchos de esos libros los volvió a comprar pero ella me decía que no era lo mismo, aunque el libro fuera el mismo. Así que los suyos, ahogados, y los nuestros, sepultados bajo el cemento. *(Continúa leyendo.)*

11

Manuel: *(Con la carpeta en la mano, se incorpora)* En un momento ya todo se parecía demasiado, ¿no? Violencia más violencia. Desprecio por la vida. Y la idea nefasta de que cuánto peor estuviera todo, mucho mejor. ¿No se arrepiente de nada?
Beatriz: Fue lo que me tocó vivir.
Manuel: ¿Qué le tocó?
Beatriz: Lo que elegí. No, no me arrepiento de nada. Igual, eso no excluye la autocrítica.
Manuel: Por ejemplo… me interesa.
Beatriz: Lo siento, no es este el momento ni el lugar para eso.
Manuel: *(Con ironía)* Claro. ¿Y por qué estaban tan convencidos?
Beatriz: Querés saber… ¿por qué tu padre estaba tan convencido?
Manuel: Sí.
Beatriz: Porque… en ese momento era la propuesta más fascinante que la vida te podía presentar. Porque era difícil ser indiferente a lo que estaba pasando.
Manuel: ¿No fue demasiada muerte para tan poca revolución?
Beatriz: No sé cuál es la proporción justa. Decime vos, ¿qué cantidad de muertos le corresponde a una revolución?
Manuel: No sé. Conozco bien dónde está la muerte *(Señala la foto)* pero no tengo idea dónde está la revolución.

12

Manuel: Cuando ustedes tomaban las armas decían que era el pueblo que hacía justicia, ¿no?

Beatriz: En ese momento pensábamos que era así.
Manuel: ¡La vanguardia iluminada!
Beatriz: Nada de lo que te diga va a hacer resucitar a tu padre.
Manuel: Me sorprende que no se arrepienta de nada. ¡Se equivocaron! ¡Perdieron! ¡Murieron miles, fue una masacre, y esto no mejoró! No somos más justos ni más solidarios. Hoy, acá al lado, sólo unas paredes de por medio, más de doce millones viven en la miseria.
Beatriz: Sí, justamente vos lo dijiste, perdimos.
Manuel: Y, entonces...
Beatriz: Entonces... ¡¿qué vas a hacer... vos?!

13

Manuel: ¿Usted... colaboró?
Beatriz: ¿Cómo?
Manuel: ¿Si colaboró? *(Se miran fijamente)*
Beatriz: Ahí está... ¡la sospecha! ¡Disparen contra el sobreviviente! ¿Qué entendés por colaborar? ¿Que una persona que está siendo torturada haga lo que le ordenan? ¿Eso es colaborar? ¿Quién puede decir lo que hay que hacer cuando el cuerpo grita? ¿Quién sabe lo que haría en esa situación? Las personas hacen lo que pueden para vivir, y para sobrevivir. ¡Lo que pueden! *(Silencio. Manuel comienza a recoger sus cosas.)*
Manuel: Es probable que la nota salga para fin de mes. ¿Quiere que se la envíe antes para darme el okay?
Beatriz: *(Seca)* Por favor.
Manuel: *(Se aleja para irse. Al pasar junto al escritorio de Sunset observa el Scrabble desplegado sobre el escritorio, se detiene, y vuelve sobre sus pasos)* ¿Y allá también era un juego? ¿Qué era?... ¿La lotería?... ¿La ruleta?... ¿La ruleta rusa? ¿A quién le toca ahora?... ¿A vos sí?... ¿A vos no?... ¿A vos sí?... Entonces, quiero saber... por qué él sí... y usted no... ¿Por qué?...
Beatriz: ¡Basta con eso! ¡¿Cómo se te ocurre imaginar que era algo que yo podía decidir?!... Entiendo tu dolor... ¡pero basta ya de acusarme!
Manuel: Perdóneme. *(Breve silencio)* ¿Usted pudo enterrar a su padre?
Beatriz: ....
Manuel: Yo nunca le pude llevar una flor a ningún lado *(Conmocionado)* eso lo enferma a un hombre. *(Saca la foto del bolsillo de su campera. Se acerca a ella)* Por favor, lo último que le pido, mírelo una vez más... pero de verdad, mírelo detenidamente, a ver si ahora lo recuerda, capaz que lo vio alguna

vez, que estuvo con él… cerca… por favor, mírelo… *(Beatriz toma la foto, la mira unos instantes, luego levanta la vista, las miradas se encuentran. La de Manuel, interrogante y cargada de emoción, la de Beatriz, indescifrable, no por vacía sino justamente por todo lo contrario.)*

IV. Última imagen de las tres situaciones:

Manuel camina lentamente hacia el área de Los Tilos y se ubica detrás de la cama. Lo mira a Paco que está sentado ahí, de espaldas. Entra Laura y se sienta en la silla que está al lado de la cama de Los Tilos. Celia, sentada en la cama, la mira a Laura. Paco la mira a Celia, Laura la mira a Beatriz, que escribe sentada frente a su mesa de trabajo. Carlos, de pie, en Sunset la mira a Laura.

Miguel: *(Sentado frente al escritorio de Sunset, con un libro abierto en la mano se dirige a Carlos)* Escuchá, es de La Colonia Penitenciaria, de Kafka: "Para mis fallos me baso en el siguiente principio: La culpa está siempre más allá de cualquier duda." *(Cierra el libro y luego apaga la luz del escritorio. La luz de escena baja totalmente. En Loyola sólo queda el rostro de Beatriz iluminado por la luz de la pantalla de su notebook, ya que ella continúa escribiendo unos segundos más. Cuando ella cierra la tapa de la notebook en el escenario se produce el negro total.)*

FIN

Bibliografía general

Andrade, Elba y Hilde E. Cramsie. *Dramaturgas latinoamericanas contemporáneas*. Madrid: Verbum, 1991.

Anzaldúa, Gloria. *Borderlands/La Frontera: The New Mestiza*. San Francisco: Aunt Lute Books, 2007.

Cagnolati, Beatriz, et al. "De la Argentina al mundo hispanoamericano: Las traducciones con acento porteño de la obra de Simone de Beauvoir." *Jornada al Homenaje de Simone de Beauvoir*. Centro Interdisciplinario de Estudios de Género. Web. 25 Mayo 2012.

Castellanos, Rosario. *Mujer que sabe latín*. México, D.F.: Fondo de Cultura Económica, 1995.

Eidelberg, Nora y María Mercedes Jaramillo. *Voces en escena*. Medellín: Universidad de Antioquia, 1991.

Gargallo, Francesca. "Multiple Feminisms: Feminist Ideas and Practices in Latin America." *Feminist Philosophy in Latin America and Spain*. Eds. María Luisa Femenías y Amy A. Oliver. Amsterdam: Rodopi, 2007. 73-86.

---. *Las ideas feministas latinoamericanas*. México, D.F: Universidad de la Ciudad de México, 2004.

Gidi, Claudia y Jaqueline Bixler, eds. *Las mujeres y la dramaturgia mexicana del siglo XX*. México, D.F.: Ediciones el Milagro, 2011.

Lamas, Marta. *Feminismo: Transmisiones y retransmisiones*. México, D.F.: Taurus, 2006.

Larson, Catherine y Margarita Vargas, eds. *Latin American Women Dramatists*. Bloomington: Indiana UP, 1998.

Masson, Laura. *Feministas en todas partes*. Buenos Aires: Prometeo, 2007.

Milleret, Margot. *Latin American Women on/in Stages*. Albany: SUNY Press, 2007.

Moraga, Cherríe y Gloria Anzaldúa, eds. *This Bridge Called My Back: Writings by Radical Women of Color*. Berkeley: Third Woman Press, 2002.

Osorio, Betty y María Mercedes Jaramillo. *Las desobedientes*. Bogotá: Panamericana, 1997.

Sternbach, Nancy Saporta, et al. "Feminisms in Latin America: From Bogotá to San Bernardo." *The Making of Social Movements in Latin America*. Eds. Arturo Escobar y Sonia E. Álvarez. Boulder: Westview P, 1992. 207-39.

Sutton, Barbara. "Poner el Cuerpo: Women's Embodiment and Political Resistance in Argentina." *Latin American Politics and Society*. 49:3 (2007): 129-62.

Vargas Valente, Virginia. "Los feminismos latinoamericanos en su tránsito al nuevo milenio. Una lectura político personal." *Cultura, política y sociedad: Perspectivas latinoamericanas.* Ed. Daniel Mato. Buenos Aires: Consejo Latinoamericano de Ciencias Sociales (CLACSO), 2005: 379-98.

Magdalena Mondragón

Obras

1938 *Cuando Eva se vuelve Adán*
1939 *Un barco en el mar*
1939 *Se alquila cuarto*
1944 *No debemos morir*
1950 *La sirena que llevaba el mar*
1951 *El mundo perdido*
1953 *¡Porque me da la gana!*
1964 *El choque de los justos*

Bibliografía selecta

"Datos biográficos y críticos sobre la obra de Magdalena Mondragón." Introducción. *Dos obras de teatro.* De Magdalena Mondragón. México D.F.: Grupo América 1951. 5-9.

Egan, Linda. "Entrevistas con periodistas mujeres sobre la prensa mexicana." *Mexican Studies/Estudios Mexicanos.* 9.2 (1993): 275-94.

Farnsworth, May. "La Eva Mexicana: Feminism in Postrevolutionary Mexican Theatre." *South Atlantic Review.* 72.2 (2007): 32-45.

Galván Romani, Blanca. *Magdalena Mondragón, Su Vida y Obra.* México, D.F.: Federación Editorial Mexicana, 1983.

Hill, Helga. *A Critical Analysis of Four Novels by Magdalena Mondragón Aguirre.* MA Thesis. U of Southwestern Louisiana, 1966.

Mondragón, Magdalena. *Dos obras de teatro.* México, D.F.: Grupo América 1951.

---. *Cuando Eva se vuelve Adán y Torbellino.* México, D.F.: Secretaría de Educación Pública, 1947.

Paz, Octavio. *El laberinto de la soledad.* México D.F: Fondo Económico de México. 1997.

Peña Doria, Olga Marta. *Digo yo como mujer: Catalina D'Erzell*. Guanajuato: Ediciones la Rana, 2000.
Sarnacki, Thaddeus John, ed. "Introduction." *Porque me da la gana*. De Magdalena Mondragón. New York: Odyssey P, 1968. vii-xvii.
Vessels, John L. *The Conquest of Death in the Novels by Magdalena Mondragón*. MA Thesis. Texas Western College, 1961.

Dolores Prida

Obras
1977 *Beautiful Señoritas: A Play with Music*
1979 *The Beggar's Soap Opera*
1980 *La Era Latina* (con Víctor Fragoso)
1981 *Coser y Cantar: A One-Act Bilingual Fantasy for Two Women*
1981 *Crisp!*
1981 *Juan Bobo*
1985 *Savings: A Musical Fable*
1986 *Pantallas: Comedia apocalíptica en un acto*
1991 *Botánica: Una comedia de milagros*
1994 *Allentales* (con el proyecto de Allentown de Teatro Pregones)
1996 *Hola Olá* (con Anita González)
1999 *Casa Propia: Ópera sin música en dos actos*
2000 *Four Guys Named José and Una Mujer Named María*

Bibliografía selecta

Ehresman, Nilsa Ofir. "Una joya del teatro latino: Dolores Prida." *Voces de América/American Voices: Entrevistas a escritores americanos/Interviews with American Writers*. Ed. Laura Alonso Gallo. Cádiz: Aduana Vieja, 2004. 641-60.
Feliciano, Wilma. "'I am a Hyphenated American': Interview with Dolores Prida." *Latin American Theatre Review*. 29.1 (1995): 113-18.
---. "Language and Identity in Three Plays by Dolores Prida." *Latin American Theatre Review*. 28.1 (1994): 125-38.
Manzor, Lillian y Alberto Sarraín, eds. *Teatro cubano actual: Dramaturgia escrita en Estados Unidos*. La Habana: Alarcós, 2005.
Nigro, Kirsten. "Dolores Prida (1943-)." *Latino and Latina Writers, Vol 2: Cuban and Cuban American Authors. Dominican and Other Authors. Puerto*

Rican Authors. Eds. Alan West-Durán, María Herrera-Sobek y César A. Salgado. New York: Scribner, 2004. 737-46.

Ochoa Fernández, María Luisa. "Weaving the Personal and the Political in Dolores Prida's *Beautiful Señoritas, Coser y Cantar* and *Botánica.*" *Staging a Cultural Paradigm: The Political and the Personal in American Drama.* Eds. Bárbara Ozieblo and Miriam López-Rodríguez. Brussels: P.I.E. Peter Lang, 2002. 193-205.

Ortúzar-Young. Ada. "Memoria y transculturación en el teatro de Dolores Prida en Nueva York." *Hispania.* 88.4 (2005): 693-700.

Prida, Dolores. "The Show Does Go On (testimonio)." *Breaking Boundaries: Latina Writing and Critical Readings.* Ed. Asunción Horno-Delgado, et al. Amherst: U of Massachusetts P, 1989. 181-88.

Sandoval-Sanchez, Alberto. *José Can You See? Latinos On and Off Broadway.* Madison: U of Wisconsin P, 1999. 150-69.

Umpierre, Luz María. "Interview with Dolores Prida." *Latin American Theatre Review.* 22.1 (1988): 125-38.

Weiss, Judith. "The Theaterworks of Dolores Prida." Introducción. *Beautiful Señoritas and Other Plays.* De Dolores Prida. Houston: Arte Público P, 1991. 9-16.

Patricia Ariza

Obras
1981 *La alegría de leer*
1984 *Tres mujeres y Prévert*
1986 *El viento y la ceniza*
1989 *Mujeres en trance de viaje*
1991 *La Kukhualina*
1991 *Mi parce*
1992 *400 Assa*
1992 *Teatro adentro*
1992-1993 *Serán diablos o qué serán*
1993 *María Magdalena*
1994 *La calle y el parche*
1994 *Luna menguante*
1995 *Opera Rap*

1996 *Del cielo a la tierra*
1996 *Proyecto Emily*
1997 *A fuego lento*
1998 *Danza mayor*
1999 *La madre*
1992 *Medea húngara*
2000-2001 *Antígona*
2001 *Los nadaistas*
2000 *Mujeres desplazándose*
2001 *Camilo vive*

Bibliografía selecta

Ariza, Patricia. "Interview with Patricia Ariza (Teatro La Candelaria)." De Alma Martínez. *Hemispheric Institute Digital Video Library*, 7 Ago. 1999. Web. 20 Jun. 2012.

---. *Teatro mujer: Diez obras de teatro*. Bogotá: Ediciones Corporación Colombiana de Teatro, 2002.

Bravo, Loreto, ed. *Prácticas de la escena*. Cádiz: Fundación Municipal de Cultura de Cádiz / Festival Iberoamericano de Teatro, 2005.

Corporación Colombiana de Teatro. Web. 20 Jun. 2012.

García, Santiago, ed. Introducción. *6 obras del teatro La Candelaria: En la raya, Luna menguante, Tráfico pesado, Femina ludens, Manda patibularia, A fuego lento*. Bogotá: Ediciones Teatro La Candelaria, 1998.

Ramírez-Cancio, Marlene. "Teatro La Máscara: Twenty-eight Years of 'Invisibilized' Theater," *Women & Performance: A Journal of Feminist Theory*. 11.2 (2000): 227-49.

---. "Staging the Magdalena Pacífica Theater Festival: A Culturally-Specific Take on Feminisms' Tasks and Strategies." *The Magdalena Project*. Web. 20 Jun. 2012.

Restrepo, Pilar. *La Máscara, la mariposa y la metáfora*. Cali: Teatro La Máscara, 1998.

Teatro la Candelaria. Web. 5 Jun. 2012.

Teatro la Máscara. Web. 10 Jun. 2012.

"Un teatro con óptica femenina." *El tiempo* 27 Jul 1995. Web 11 Set 2012.

Susana Torres Molina

Obras
1977 *Extraño juguete*
1981 *...Y a otra cosa mariposa*
1982 *Soles*
1983 *Inventario* (coautoría)
1985 *Espiral de fuego*
1988 *Amantissima*
1991 *Unio mystica*
1995 *Canto de sirenas*
1996 *Ensayo. Monólogo para el espectáculo A corazón abierto*
1997 *Paraísos perdidos*
1997 *Escenas del proceso de morir*
1999 *No sé tú*
1999 *Nada entre los dientes*
2000 *La mayor, la menor y la del medio*
2001 *Sorteo* (coautoría)
2001 *Azul metalizado*
2002 *Lo que no se nombra*
2002 *Turning Point*
2003 *Cero*
2003 *Estática*
2003 *Modus operandi*
2004 *Privacidad*
2005 *Ella*
2006 *El manjar*
2007 *Derrame*
2007 *Manifiesto vs. Manifiesto*
2010 *Esa extraña forma de pasión*

Bibliografía selecta

André, María Claudia. "Conversaciones sobre vida y teatro con Susana Torres Molina." *Latin American Theatre Review.* 35.2 (2002): 89-95.
Bauman, Kevin M. "Metatexts, Women, and Sexuality: The Facts and (Ph)Allacies in Torres Molina's *Extraño Juguete*." *RLA: Romance Languages Annual.* 2 (1990): 330-5.

Bixler, Jacqueline Eyring. "For Women Only? The Theater of Susana Torres Molina." In Catherine Larson, ed. *Latin American Women Dramatists: Theater, Texts, and Theories*. Bloomington: Indiana UP, 1998: 215-33.

Cabrera, Eduardo. "Susana Torres Molina: La indagación del mundo femenino en su dramaturgia y dirección teatral." *Latin American Theatre Review*. 36.1 (2002): 19-28.

DiPuccio, Denise M. "Radical and Materialist Relationships in Torres Molina's *Extraño Juguete*." *Letras Femeninas*. 21.1-2 (1995): 153-64.

Eidelberg, Nora. "Susana Torres Molina, destacada teatrista argentina." *Alba de America: Revista Literaria*. 7.12-13 (1989): 391-3.

Flores, Yolanda. *The Drama of Gender: Feminist Theater by Women of the Americas*. New York: Peter Lang, 2000.

Foster, David William. "Identidades polimórficas y planteo metateatral en *Extraño juguete* de Susana Torres Molina." *Alba de America: Revista Literaria*. 7.12-13 (1989): 75-86.

Gladhart, Amalia. "Playing Gender." *Latin American Literary Review*. 24.47 (1996): 59-89.

---. "Revenge, Representation and the Importance of Memory in Susana Torres Molina's *Una Noche Cualquiera*." *Latin American Theatre Review*. 39.2 (2006): 37-52.

Graham-Jones, Jean. "Myth, Masks, and Machismo: *Un trabajo fabuloso* by Ricardo Halac and … *Y a Otra Cosa Mariposa* by Susana Torres Molina." *Gestos: Teoría y Práctica del Teatro Hispánico*. 10.20 (1995): 91-106.

Larson, Catherine. *Games and Play in the Theater of Spanish American Women*. Lewisburg: Bucknell UP, 2004.

--- y Margarita Vargas. *Latin American Women Dramatists: Theater, Texts, and Theories*. Bloomington: Indiana UP, 1998.

Ruiz, Reina. "Memoria y final del juego en *Una noche cualquiera* de Susana Torres Molina." *Latin American Theatre Review* 41.1 (2007): 3-66.

Seda, Laurietz. "El hábito no hace al monje: Travestismo, homosexualidad y lesbianismo en …*Y a otra cosa mariposa* de Susana Torres Molina." *Latin American Theatre Review*. 30.2 (1997): 5-14.

Torres Molina, Susana. Entrevista personal. 13 Ago. 2010.

---. "Entrevista de Jorge Dubatti." En *Teatro completo I*. Susana Torres Molina, Jorge Dubatti y Posse S. Gutiérrez. Buenos Aires: Ediciones Colihue, 2010.

---, María C. André y Barbara Younoszai. *Seven Plays by Argentine Playwright Susana Torres Molina*. Lewiston: Edwin Mellen Press, 2006.